Sabine Langenbach

Dankbar?
Am liebsten immer!

ALLTAGSERLEBNISSE

BRUNNEN
Verlag GmbH · Giessen

Sabine Langenbach, Jahrgang 1967, ist Radio/TV-Moderatorin, Referentin und Autorin. Sie ist verheiratet, Mutter von zwei erwachsenen Kindern und lebt mit ihrer Familie in Altena/Westfalen. Als die „Dankbarkeitsbotschafterin" präsentiert sie seit 2020 den „Montagsimpuls" auf ihrem YouTube-Kanal und in ihrem Podcast. Damit möchte sie sensibel machen für die kleinen und großen „Gott sei Dank"-Momente, die oft übersehen werden. Inspiration findet die Autorin mitten im Alltag und auch durch ihre mehrfachbehinderte, blinde Tochter. Seit 2022 schreibt sie wöchentlich die Kolumne „Das find ich gut" für das christliche Medienmagazin Pro. Mehr auf www.sabine-langenbach.de. Die Autorin steht für Lesungen zur Verfügung.

© 2022 Brunnen Verlag GmbH, Gießen
Lektorat: Stefan Loß
Umschlagfoto und Illustrationen: Adobe Stock
Umschlaggestaltung: Jonathan Maul
Druck: GGP Media GmbH, Pößneck
ISBN Buch 978-3-7655-3657-1
ISBN E-Book 978-3-7655-7667-6
www.brunnen-verlag.de

INHALT

Nichts ist erfunden, alles erlebt

Wer dankbar durchs Leben geht, dem geht es besser. Studien belegen: Dankbare Menschen haben weniger Angst, Ärger, Stress, Schlafstörungen und Depressionen. Dafür mehr Wohlbefinden und Zufriedenheit.

Ich bin fasziniert, was Dankbarkeit alles bewirkt. Nicht nur theoretisch, sondern ganz praktisch. Die Kraft der Dankbarkeit habe ich durch eine schwere Lebensphase für mich entdeckt.

Im April 1998, knapp anderthalb Jahre nach der Geburt unseres Sohnes Niklas, kam unsere Birte mehrfachbehindert und blind auf die Welt. Das wirbelte unser Familienleben kräftig durcheinander. Vieles wurde ganz anders, als wir es geplant hatten. Inmitten von Ängsten, Sorgen und Fragen entdeckte ich, dass es trotzdem viele Gründe gibt, dankbar zu sein.

Von meinen kleinen und großen Gott-sei-Dank-Momenten habe ich zunächst im Montagsimpuls auf meinem Kanal *Die Dankbarkeitsbotschafterin* bei YouTube erzählt und später im Podcast. Aus diesen alltäglichen Erlebnissen entstand dieses Buch.

Ich wünsche Ihnen viel Gewinn beim Lesen und dass Sie staunen, wie viele Gründe es gibt, Gott sei Dank zu sagen.

Ihre

Sabine Langenbach
Die Dankbarkeitsbotschafterin

DIE MACHT DER GEDANKEN

Der erste Gedanke, wenn ich morgens wach werde, prägt meinen ganzen Tag. Manchmal ist es meine To-do-Liste für den Tag. Das setzt mich sofort unter Druck und ich versuche an etwas anderes zu denken.

Viel schöner ist es, wenn mir beim Aufwachen ein Lied durch den Kopf geht. Wie neulich. „Dies ist der Tag, den der Herr gemacht! Drum lasst uns freuen und Gott dankbar sein!"

Das ist ein guter Start: Gott steht über allem. Ich kann dankbar sein. Diese Gedanken begleiten mich den ganzen Tag, geben mir Hoffnung.

Alles, worüber ich nachdenke, beeinflusst mich, ob positiv oder negativ. Doch ich kann entscheiden, in welche Richtung meine Gedanken wandern. Führen sie mich vorwärts oder treiben sie mich zurück?

Eine alte Erzählung, die auf ein Volk in Nordamerika zurückgeht, unterstreicht das: Ein weiser Großvater weiht seinen Enkel in die Geheimnisse des Lebens ein. Er erzählt, dass in jedem Menschen ständig zwei Wölfe miteinander kämpfen. Der eine ist schwarz und steht für das Böse und alles, was zerstörerisch ist. Der andere ist weiß und symbolisiert das Gute und alles, was Hoffnung, Freude und Dankbarkeit schenkt. Der Enkel fragt seinen Opa: „Welcher Wolf gewinnt?"

Der Großvater antwortet: „Der, den du am meisten fütterst!"

Diese Weisheit wird von der Bibel bestätigt.

In den Sprüchen heißt es: „Das, was ich dir jetzt rate, ist wichtiger als alles andere: Achte auf deine Gedanken, denn sie entscheiden über dein Leben." (Sprüche 4, 23)

Ich habe immer die Wahl, welchen Gedanken ich Raum gebe. Deshalb will ich darauf achten, womit ich diesen Raum fülle. Wenn ich vor lauter Problemen keine Lösungen finde, halte ich mir vor Augen, dass meine Grenzen nicht Gottes Grenzen sind. Ich vertraue darauf, dass Gott meine Not sieht und helfen wird – zu seiner Zeit und auf seine Weise.

„Für Gott ist alles möglich!", sagt Jesus (Markus 10, 27). Er ist der Sohn Gottes – und der muss es wissen!

Wenn ich merke, dass mein Denken nur noch darum kreist, was mich nervt und aufregt, reiße ich innerlich ein Stoppschild hoch. Ich überlege, wofür ich Gott sei Dank sagen kann. Manchmal wollen sich die schlechten Gedanken wieder in den Vordergrund schieben, dann singe ich und gute Gedanken gewinnen wieder Raum in mir. Für mich steht fest: Hoffnung und Zuversicht sollen mein Leben prägen, deshalb füttere ich meinen weißen Wolf und das am besten schon morgens beim Aufstehen.

HERZENSFREUNDE

*W*as haben die Comedian Harmonists, Elton John, Dionne Warwick und die Toten Hosen gemeinsam? Der Musikstil ist es nicht. Alle haben Lieder gesungen über Freunde und Freundschaft. Freunde sind wichtig für unser Leben und das Normalste von der Welt – aber nicht für mich.

Als Kind hatte ich keine Freunde. Ich war nie im Kindergarten, denn unsere Mutter war zu Hause und immer für mich und meine Schwester da. Das war einerseits schön, aber andererseits habe ich so keine Gleichaltrigen kennengelernt. In der Nachbarschaft waren wenige Kinder und auch in der Grundschule wurde ich selten zu Geburtstagen eingeladen.

Vielleicht lag das daran, dass ich irgendwie anders war als meine Klassenkameradinnen. In den Pausen spielte ich lieber mit den Jungs Fußball, als mit den Mädchen zusammenzustehen. Ich war pummelig, mein Kleidungsstil unterschied sich von dem, was die anderen trugen. Statt Markenjeans griff ich zur Cordhose und die meisten Oberteile hatte meine Mutter gestrickt oder gehäkelt. Ich trug das freiwillig, denn ich fühlte mich darin wohl und die aktuelle Mode war mir ziemlich egal.

Als ich elf Jahre alt war, zogen wir von Berlin nach Dortmund. In der Straße, in der wir wohnten, gab es Jungs und Mädchen in meinem Alter. Eines Tages klingelte die Clique bei uns und fragte, ob ich mit ihnen Räuber und Gendarm spielen wollte. Natürlich bin ich gleich rausgestürmt. Auf einmal war ich nicht mehr die Außenseiterin, sondern mittendrin.

Die Draußen-mit-Freunden-spielen-Phase hörte naturgemäß als Teenager auf und wurde nachmittags vom Konfirmandenunterricht abgelöst. Dadurch kam ich in Kontakt zum CVJM, dem Christlichen Verein Junger Menschen. Schnell fand ich Freunde! Doch das war nicht der einzige Grund, warum ich mich im CVJM so wohlfühlte. Hier hörte ich mehr über den christlichen Glauben. Dass jeder Mensch von Gott einzigartig geschaffen ist. Dass er jeden liebt. Mir wurde damals klar: Kein ungewöhnlicher Kleidungsstil, kein Gramm mehr oder weniger auf den Hüften kann daran etwas ändern. Von da an wusste ich, dass ich wertvoll bin. Mit diesem Selbstwertgefühl konnte ich auf andere zugehen und seitdem bin ich alles andere als kontaktscheu.

Heute kenne ich sehr viele Menschen. Das finde ich klasse! Mit manchen bin ich bekannt, mit anderen befreundet und dann gibt es noch meine Herzensfreunde. Vor ihnen kann ich laut denken und erzählen, was mich bewegt. Sie waschen mir, wenn es nötig ist, auch mal den Kopf – natürlich ganz liebevoll.

Meine Herzensfreunde bereichern mein Leben und gehören zu mir. Mittlerweile ist das für mich fast selbstverständlich. Doch dass es früher anders war, vergesse ich nicht. Ich weiß: Gute Freunde sind ein Geschenk Gottes!

Dachboden-Fundstücke

Mein Mann und ich haben unseren Dachboden ausgemistet. Das war dringend nötig. Jahrelang habe ich aussortiertes Spielzeug, Kuscheltiere, Kinderbücher und Schulhefte von unserem Sohn aufbewahrt. In Koffern und Taschen lagerten außerdem die alten Baby- und Kinderklamotten. Bisher hatte ich es nicht übers Herz gebracht zu schauen, was noch brauchbar war und was entsorgt werden musste. Jetzt war die Zeit reif! Jedes Kleidungsstück nahm ich in die Hand und mit jedem kamen Erinnerungen hoch.

Da war das Jäckchen, das unser Niklas getragen hat, als wir aus dem Krankenhaus nach Hause gefahren sind. Was waren wir damals glücklich, dass unser Kinderwunsch endlich in Erfüllung gegangen war.

Als Birte dieses Babykleidchen trug, war die Freude über unser Überraschungskind groß. Nie hätten wir gedacht, dass ich nach dem langen Warten auf Niklas so schnell wieder schwanger werden würde.

Neben dem Glück, jetzt zu viert zu sein, waren da Sorge und Angst. Die Ärzte hatten festgestellt, dass Birte ohne Augäpfel auf die Welt gekommen ist. Ob sie außer der Blindheit noch weitere Handicaps hatte, konnte uns damals keiner sagen.

Diese Spannung mussten wir aushalten. Es war nicht einfach, mit den vielen Fragezeichen glücklich zu sein.

Ohne meinen Glauben an Gott hätte ich das nicht geschafft. Ich wusste, dass jeder Mensch ein Gedanke Gottes ist, einmalig, geliebt und unendlich wertvoll. Daran kann eine Behinderung nichts ändern!

Auf diese alten Aussagen der Bibel wollte ich vertrauen. Das gab mir Halt und Hoffnung. Meistens jedenfalls. Manchmal haben mich Zweifel an Gottes Fürsorge durchgeschüttelt, dann fiel mir das Beten schwer. Ich wusste, dass andere für uns als Familie gebetet haben. Das ist für mich eine Erklärung, warum meine hoffnungslosen Phasen selten und kurz waren.

Diese Gefühle und Gedanken wurden lebendig, als ich die Strampler und Babyshirts in meinen Händen hielt. Zugleich breitete sich eine tiefe Dankbarkeit in mir aus – wie wunderbar hat sich alles entwickelt! Niklas ist ein tougher junger Mann, der genau weiß, was er will. Birte ist eine lebensfrohe junge Frau, die mittlerweile zwei Zuhause hat: eins bei uns in Altena und eins im Wohnheim des Blindenwerkes Westfalen.

Mein Vertrauen auf Gott, den liebenden Vater im Himmel, ist nicht enttäuscht worden und ich bin dankbar, dass unsere Dachboden-Aufräum-Aktion mich wieder an Gottes Fürsorge erinnert hat.

FRISEURBESUCH MIT ORIENTIERUNGSHILFE

*E*ndlich wieder zum Friseur! Was war das für eine Wohltat, als ich nach dem Corona-Lockdown im Frühjahr 2021 die Haare geschnitten bekam. Ich hatte gehofft, dass die monatelange Schnittpause mir zur ersehnten Bobfrisur verhelfen würde. Aber dieser Traum zerplatzte, als meine Friseurin Nikoletta meine Haare begutachtete. Sie waren immer noch zu kurz. Schade.

Also wieder die alte Frisur. Allerdings war von meinem einstigen Kurzhaarschnitt nichts mehr zu sehen.

„Mir fehlt die Orientierung!", sagte Nikoletta zwischendurch und lachte. Ihr blieb nichts anderes übrig, als mir einen komplett neuen Schnitt zu verpassen. Kurz und strubbelig wie immer fuhr ich nach Hause.

Später kam mir Nikolettas Satz in den Sinn: „Mir fehlt die Orientierung!" Beim Friseur hatte ich solche Worte noch nie gehört. In einer fremden Stadt muss ich mich orientieren, um an mein Ziel zu kommen, oder ich brauche Orientierung, wenn ich eine Entscheidung treffen muss.

Orientierungshilfe geben mir mein Mann und meine Herzensfreunde oder ich erstelle eine Pro-und-Contra-Liste (ein Tipp von meinem Vater) oder ich lese in der Bibel. Seit Jahrtausenden gibt sie den Menschen Orientierung. Wie diese Verse in der modernen Bibelübertragung der Volxbibel: „Wenn ihr Richtung in eurem Leben braucht, orientiert euch an den Sachen, die ehrlich sind, gut und gerecht, was für Gott okay ist, was von Liebe geprägt ist. Wenn etwas diesen Richtlinien entspricht, kann man danach wirklich leben." (Phil 4,8)

Ich erkenne darin fünf Fragen, die mir in allen Lebenslagen helfen, eine gute Entscheidung zu treffen. Ist das, was ich plane:

Ehrlich? Gut? Gerecht? Vor Gott okay? Von Liebe geprägt?

Wenn ich alle Fragen mit Ja beantworten kann, habe ich eine solide Grundlage für meine Entscheidung und werde, im wahrsten Sinne des Wortes, weiter sehen.

Wer hätte das gedacht, dass mein Friseurbesuch mir so tiefgreifende Erkenntnisse schenkt. Gott sei Dank dafür!

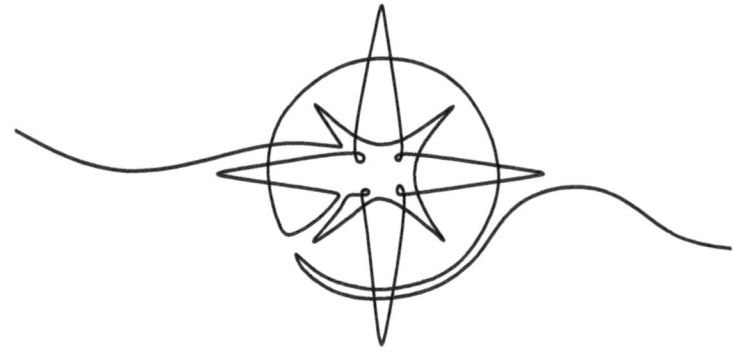

WORTE PRÄGEN

rfolg im Beruf, ein glückliches, zufriedenes Privatleben und eine große Portion Selbstbewusstsein. Das bekommen Sie mit dem richtigen Mindset!" Die Worte der Motivationstrainerin beschäftigten mich noch lange nach unserem Interview.

Meine innere Haltung und mein Selbstbildnis werden von dem geprägt, was andere über mich oder zu mir sagen. Sätze, die mich aufbauen, sorgen für ein positives Mindset wie: „Du bist hier an der richtigen Stelle! Ohne dich wäre die Welt ärmer! Du tust mir gut!"

Andere Aussagen bewirken das Gegenteil: „Das schaffst du sowieso nicht! Das kannst du nicht! Du bist nichts wert!"

Wenn ich diese Sätze ständig höre, werde ich sie irgendwann auch glauben und mir nichts mehr zutrauen, obwohl Potenzial in mir schlummert.

Ob ich selbstbewusst auftrete, meine Positionen vertrete und authentisch bin, wird von dem bestimmt, was ich über mich denke.

Welche Aussagen haben mich geprägt? Welches Bild habe ich von mir?

Als Kind hatte ich kaum Selbstbewusstsein, obwohl meine Eltern mich in allem ermutigt haben. In der Schule war ich immer die Letzte, die im Sportunterricht in eine Mannschaft gewählt wurde, weil ich pummelig war. Deshalb dachte ich, dass ich nicht so viel wert bin wie meine Klassenkameraden.

Gott sei Dank habe ich im Laufe der Jahre gelernt, mich mit anderen Augen zu sehen – ganz ohne Motivationstrainerin, mithilfe der Bibel. Hier habe ich das beste Mindset gefunden, das ich mir denken kann: Ich bin wertvoll. Ein Gedanke Gottes. Er liebt mich. (Psalm 139)

Diese innere Haltung stärkt mein Selbstbewusstsein und gibt mir die Kraft, auch schwere Zeiten zu bewältigen, wenn der Erfolg im Beruf ausbleibt oder es im Privatleben kriselt.

Mich trägt die tiefe göttliche Wahrheit, dass ich wertvoll und geliebt bin, egal, was andere oder ich selbst über mich denken.

Das ist mein Mindset und es gilt für jeden Menschen! Gott sei Dank!

SPEICHER VOLL

Speicher voll! Diese Warnmeldung erschien auf dem Display meines Aufnahmegerätes. Dummerweise mitten in einem wichtigen Interview für einen Radiobeitrag. Es war mir peinlich, dass ich es vorher nicht kontrolliert hatte. Jetzt musste ich schnell etwas unternehmen. Also unterbrach ich mein Interview und erklärte meinem Gesprächspartner die Lage. Der nahm es mit Humor. Ich löschte einige alte Dateien. Jetzt konnte die Aufzeichnung weitergehen.

Später kam mir der Gedanke, dass ich mich manchmal fühle wie eine überfüllte Speicherplatte. Alte und neue Informationen, verarbeitete und unverarbeitete Gedanken und sämtliche Eindrücke schwirren herum. Außerdem gibt es jede Menge Datenmüll, der die Sicht auf wichtige Dinge verhindert.

Wäre es nicht genial, eine Löschfunktion für überflüssige Sorgen, nervige Gedanken und alltägliche Probleme zu haben? Die gibt es nicht. Dafür habe ich eine andere Möglichkeit entdeckt, meine Festplatte zu entmüllen!

Im Konfirmandenunterricht musste ich Bibelverse auswendig lernen und einer lautete: „Kommt her zu mir alle, die ihr mühselig und beladen seid. Ich will euch erquicken" (Matthäus 11, 28). Jetzt kam mir der Satz, den Jesus vor mehr als 2000 Jahren gesagt hatte, wieder in den Sinn. Ich stelle mir vor, wie Jesus sagt: „Hey, Sabine, komm zu mir! Sag mir das, was dich belastet und was dir zu viel ist. Ich nehme dir das ab und schenke dir neue Energie und meinen Frieden ins Herz!"

Genau das mache ich, wenn meine innere Speicherplatte voll ist und Sorgen mich blockieren. Ich bete, rede so mit Gott, wie ich sonst auch spreche, mal laut und mal leise. Dann stelle ich mir vor, wie ich Jesus alles vor die Füße werfe. Manchmal schreibe ich meine Sorgen auf ein Blatt Papier, zerknülle es und schmeiße es in hohem Bogen weg. Danach fühle ich mich befreit, als hätte ich wieder Speicherplatz frei.

Übrigens: Heute kontrolliere ich vor jedem Interview, wie viel Kapazität mein Aufnahmegerät hat. Aus Fehlern wird man klug.

Mein Sorgen-Kümmerer

*E*in Leben ohne Angst und Sorgen", hieß die Schlagzeile einer Onlinezeitung. Ich blieb hängen, las den Artikel und erfuhr, dass Wissenschaftler im brasilianischen Urwald seit vielen Jahren das Volk der Pirahã beobachteten und studierten. Die knapp 400 Menschen führen ein Leben ohne Zeitverständnis und Zahlen. Besitz, Rituale oder einen Glauben an einen Gott kennen sie nicht. Sie interessieren sich nicht für das, was mal war oder sein wird. Es gibt bei ihnen keine Wörter für Vergangenes und Zukünftiges. Sie leben im Hier und Jetzt. Das klingt beneidenswert. Bei uns gehören Sorgen zum Leben dazu. Aber ich kann entscheiden, wie ich mit ihnen umgehe. Wenn sie meinen Alltag bestimmen, werde ich irgendwann nicht mehr glücklich sein. Wenn ich mir dagegen den Blick für das Gute und Schöne im Alltag bewahre, verlieren die Sorgen ihre Macht.

Eine Anleitung, wie ich mit Sorgen umgehen kann, finde ich in diesem Satz in der Bibel: „Alle eure Sorge werft auf ihn, Gott, denn er sorgt für euch." (1. Petrus 5,7)

Mehr als 2000 Jahre ist dieser biblische Ratschlag alt und immer noch aktuell. „Lass deine Sorge los!", sagt auch der Volksmund. Doch der Bibelvers meint viel mehr. Nach dem Sorgen-Loslassen folgt das Wegwerfen, nicht irgendwohin, sondern zielgerichtet zu Gott, dem Schöpfer des Universums. Bei ihm sind meine Sorgen in besten Händen, denn er kümmert sich höchstpersönlich darum!

So weit die Theorie, doch in der Praxis ist es für mich oft ein Kampf, das umzusetzen. Ich hätte gerne eine schnelle Problemlösung. Abwarten und Aushalten fällt mir schwer, besonders wenn es um Zwischenmenschliches geht. Ich bin harmoniebedürftig. Doch manchen Konflikten kann ich nicht aus dem Weg gehen. Ich muss ertragen, dass ich mit jemandem Stress habe – und derjenige mit mir. Ich sage Gott diese Sorge und versuche abzuwarten. Ich will auf sein Eingreifen vertrauen. Es gelingt mir nicht immer, aber immer öfter und dann erlebe ich Erstaunliches. Mal kann ich die Situation aus einer anderen Perspektive sehen, mal verändert der Konfliktpartner unerwartet seine Denkweise und ein Miteinander ist wieder möglich.

Manchmal erlebe ich Gottes Hilfe auf meine Sorgengebete sofort wie zum Beispiel auf der Autobahn bei Beinah-Unfällen oder wenn ich mitten im Alltag um Gottes Schutz bitte. Besonders eindrücklich ist mir folgende Situation im Gedächtnis geblieben: Birte musste operiert werden. Ich übergab sie vor der OP-Schleuse einem Pfleger und der nahm sie mit in Richtung Schiebetür. Birte winkte mir noch fröhlich zu und dann war sie verschwunden. Plötzlich überkam mich eine große Angst, dass ich meine Tochter nicht mehr lebend wiedersehen würde. Ich weinte und betete, warf Gott meine Panik hin und flehte um seinen Schutz für Birte. Dann sagte ich etwas, das mich selbst überraschte: „Dein Wille geschehe! Was auch passiert. Ich nehme es aus Deiner Hand, Gott." Fast augenblicklich wurde ich ruhig. Ich habe tatsächlich die meiste Zeit während der stundenlangen Operation in unserem gemeinsamen Zimmer im Krankenhaus verschlafen.

Manche meinen, es sei Zufall oder nur ein psychologischer

Prozess, dass ich nach meinem Gebet ruhiger wurde. Ja, vielleicht war es Zufall: von Gott zugefallen, weil er sich um uns sorgt.

Heute ist ein guter Tag

S chick einem Freund eine Karte"-Tag – das ist ein kurioser Feiertag, der weltweit am 7. Februar begangen wird. Auch ohne diesen kuriosen Feiertag verschicke ich gern Postkarten, so wie letzte Woche. In einem schönen Café, das auch Karten verkauft, habe ich in aller Ruhe nach etwas Ansprechendem gesucht. Am Ende bin ich mit fünf Karten nach Hause gegangen. Eine hatte den Aufdruck: *Heute ist ein guter Tag, um glücklich zu sein.*

Der Spruch ging mir nicht mehr aus dem Kopf. Heute ist ein guter Tag, um glücklich zu sein. Nicht gestern. Nicht morgen. Heute!

Der Tipp, im Heute zu leben, hat nicht nur etwas mit unserer schnelllebigen Zeit zu tun. Schon Jesus, der Sohn Gottes, sagte: „Schaut nicht zurück!" (Lukas 9, 62) und „Sorgt euch nicht um morgen!" (Matthäus 6, 34).

Jesus hat den Menschen damals vorgelebt, wie das Leben im Hier und Jetzt geht. Er war ein Meister darin. Weil er wusste, dass er den besten Unterstützer auf seiner Seite hatte – Gott, seinen Vater im Himmel. Jesus zog sich immer wieder aus dem Alltag zurück, um im Gebet seinem Vater zu erzählen, was ihn beschäftigte und bedrückte. Danach waren sein Kopf und sein Herz wieder frei und er konnte weiter seinem Auftrag nachgehen und predigen, heilen, Menschen Hoffnung und Lebenssinn schenken.

Okay, ich bin nicht Jesus und mein Lebensauftrag ist ein

ganz anderer. Trotzdem kann ich von ihm lernen, wie ich im Hier und Jetzt leben kann, ohne auszubrennen inmitten aller Herausforderungen.

Ich mache es wie Jesus und nehme mir in meinem Alltag eine Mini-Auszeit an einem Ort, wo ich allein sein kann. Ich atme durch, sortiere meine Gedanken vor und mit Gott und bete. Danach habe ich wieder Kraft und konzentriere mich auf das, was als Nächstes ansteht. Weiter geht's und nicht vergessen: Heute ist ein guter Tag, um glücklich zu sein.

Welttag des Glücks

Der 20. März ist ein besonderer Tag: Frühlingsanfang und Weltglückstag. 2013 riefen die Vereinten Nationen den Weltglückstag ins Leben, um darauf hinzuweisen, dass Glück mehr ist als materieller Reichtum. Es geht auch um Bildung und Verbundenheit und darum, dass Glück als Gesellschaft erarbeitet und bewahrt werden muss. Rund um den Welttag des Glücks werden aktuelle Umfragen veröffentlicht: Wer ist wo und wie am glücklichsten und wer nicht? Was macht Menschen heute glücklich? Als ich die Berichte 2022 las, passte das so gar nicht in die aktuelle Weltlage. Wie konnte der Tag des Glücks gewürdigt werden, während in Osteuropa der Krieg tobte? Glück und Bomben. Das passte nicht zusammen.

Irgendwo schnappte ich die Frage auf: „Darf ich noch lachen, wenn ich weiß, dass ein paar Hundert Kilometer weiter Krieg herrscht und Menschen um ihr Leben bangen?" Eine berechtigte Frage – oder?

Selbst, wenn in der Ukraine Frieden wäre, gäbe es immer noch viele andere Orte auf der Welt, an denen Krieg wütet. Ich könnte daran nichts ändern, auch wenn ich nie mehr lachen würde.

Das wäre nicht im Sinne des Erfinders des Lebens. Das ist Gott. Er hat uns das Leben geschenkt und er wünscht sich, dass wir uns an seinem Geschenk erfreuen und es genießen (siehe Prediger 3, 12).

Nein, ich vergesse nicht das Leid der anderen, und wann

immer es mir möglich ist, setze ich mich für Menschen in Not ein. Das kann praktische Hilfe in meinem Umfeld sein oder Sach- und Geldspenden, vor allem bete ich für Frieden.

Für mich steht fest: Es ist sehr wohl möglich, mitzuleiden und mitzufühlen, ohne dabei das eigene Lebensglück zu vergessen.

Nörgeln statt
Dankbar sein

Mein Geburtstag kam immer näher. Ich wollte die Familie zum Kaffeetrinken einladen, aber als ich mit meinem Mann Frank die Uhrzeit absprechen wollte, sagte er: „Wir sind nicht da!"

„Ich möchte aber am Tag zuvor noch zum Friseur. Geht das?" „Nein, du hast keine Zeit!"

„Warum nicht?"

„Sag ich nicht!" Und damit war die Sache für ihn erledigt. Es war nichts, aber auch gar nichts, aus ihm herauszubekommen.

Einen Tag vor meinem Geburtstag hatten wir ein paar Sachen zusammengepackt und fuhren los in Richtung Norden. Am Ende unserer Reise landeten wir auf der Nordseeinsel Wangerooge. Wir sind tatsächlich gelandet! Frank hatte für uns Plätze in einem kleinen Flieger reserviert. Es war eine große und schöne Überraschung, trotzdem meldete sich mein schlechtes Gewissen. Ich dachte immer, dass ich total flexibel wäre. Aber als Frank sagte, dass ich nichts planen könnte, hat mir das nicht gefallen. Ich war sogar ein bisschen sauer. Dabei hätte ich mich doch freuen sollen, dass er mich nach dreißig Ehejahren auf diese Weise überraschen wollte. Er kennt mich wie kein anderer Mensch, also konnte ich davon ausgehen, dass er auch wusste, was mir gefallen würde. Und ich? Ich habe mich darüber geärgert, dass ich nicht Herrin über meine Zeit war und ich meinen Geburtstag nicht nach meinen Vorstellungen planen konnte.

Mit meinem Vertrauen auf Gott ist das manchmal ähnlich. Ich meine genau zu wissen, wo es langgehen soll, was gut und richtig für mich und für andere wäre. Dabei vergesse ich schnell, dass Gott, der mich wie kein anderer kennt, den Überblick und den Weitblick hat. Ich darf und kann Gott vertrauen. Er gibt mir immer das, was das Beste für mich ist!

Das Überraschungsgeschenk meines Mannes war genau das Richtige für mich. Wir genossen drei gemeinsame Tage mit blauem Himmel, herrlichstem Sonnenschein und wunderschönem Meerblick … und ich habe noch etwas über mich gelernt: Auch *Die Dankbarkeitsbotschafterin* nörgelt manchmal zu schnell, anstatt einfach nur dankbar zu sein!

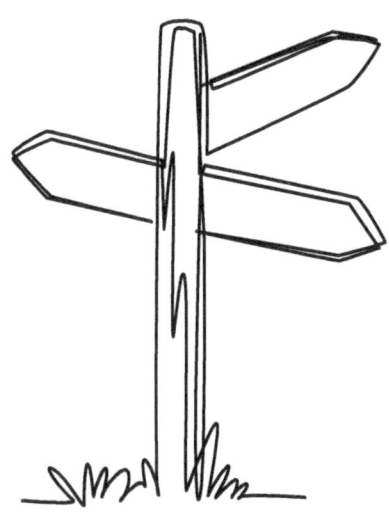

Angst? Was mir hilft

*D*ie Angst vor dem 3. Weltkrieg!", so titelte unsere Lokalzeitung. So eine Schlagzeile braucht im Moment niemand, dachte ich sofort. Unsere Ängste müssen doch nicht noch zusätzlich angeheizt werden.

Angst ist kein guter Berater. Angst lähmt und macht mich handlungsunfähig. Das will ich nicht! Ich will aktiv bleiben. Aber was kann ich schon tun angesichts von Kriegen, Terror und Leid in der Welt?

Der Reformator Martin Luther hat einmal gesagt: „Christen, die beten, sind wie Säulen, die das Dach der Welt tragen." So eine Säule möchte ich sein.

Gebete verhallen nicht im Nirgendwo. Gott hört sie und greift ein. Ich habe für Menschen gebetet, dass sie ihre Einstellung ändern, es wagen, zu vergeben oder sich zu entschuldigen. Manchmal habe ich gezweifelt, doch ich wurde oft eines Besseren belehrt.

Jemand hatte mich mit seinen Worten tief verletzt. Ich war traurig und wütend, fühlte mich innerlich aufgerieben. Meiner Herzensfreundin erzählte ich von dem Vorfall und sie sagte: „Da beten wir sofort!" Sie dankte Gott für seine Liebe und dass er mir Wert und Würde geschenkt hatte. Kein Mensch kann daran etwas ändern. Nach dem Amen war es mir leichter ums Herz. Später merkte ich, dass die Wut auf die Person ebenfalls verraucht war, und nach und nach verschwand auch meine Traurigkeit.

Gott veränderte mein Fühlen und Denken zum Guten. Das gilt für jeden Menschen, auch für manche Mächtige dieser Welt, die Kriege heraufbeschwören und buchstäblich über Leichen gehen.

Deshalb bete ich für Menschen und für die aktuellen Entwicklungen in der Welt. Das heißt nicht, dass ich keine Angst mehr habe. Angst ist ein berechtigtes Gefühl. Selbst Jesus sagte zu seinen Nachfolgern: „In der Welt habt ihr Angst! Aber seid getrost, ich habe die Welt überwunden." (Johannes 16, 33)

Damit deutete Jesus an, dass er dem Tod ein Schnippchen schlagen würde. Er starb am Karfreitag, doch am Ostersonntag wurde er wieder lebendig. Auferstanden von den Toten. Danach kehrte er zu seinem Vater in den Himmel zurück und ist dort unser Fürsprecher. Seitdem ist er nicht mehr an Ort und Zeit gebunden und kann gleichzeitig allen Menschen nahe sein.

Wenn ich von Krieg, Terror, Verbrechen oder Klimakatastrophen höre, dann ist es normal, dass ich mich ängstige und sorge. Damit die Angst aber nicht mein Tun und Denken beherrscht, bleibe ich im Gespräch mit Gott. Er schenkt Frieden und Ruhe. Daraus ziehe ich meine Kraft und kann mit panikmachenden Schlagzeilen besser umgehen. Ich weiß den Einen an meiner Seite, der die Welt überwunden hat.

DER MACH-ALLES-GUT-BUTTON

Ein grüner Button sprang mich in der WhatsApp-Nachricht einer Freundin an. *„Mach alles gut",* war darauf zu lesen. Neugierig wie ich bin, klickte ich auf den Link und wieder erschien *„Mach alles gut".* Ich drückte erneut darauf und jetzt las ich: *„Es wird alles gut gemacht! Bitte warten!"* Es sah aus, als würde eine Datei geladen werden. Dann die Nachricht: *„Jetzt ist alles gut! Sollte noch nicht alles gut sein, überprüfen Sie bitte die Einstellung Ihrer objektiven Wahrnehmung und starten Sie notfalls den Prozess neu. Have a nice day :)."*

So ein Button wäre im echten Leben wirklich cool. Darauf drücken und zack – alles wäre wieder gut! Die Corona-Pandemie wäre sofort aus der Welt, Kriege, Hungersnöte, Terror, Naturkatastrophen und Umweltzerstörung, selbst meine kleinen und großen Probleme – alles weg! Alles wieder gut!

Wenn ich so einen Mach-alles-gut-Knopf gehabt hätte, als unsere Tochter Birte auf die Welt kam, ich hätte ihn sofort gedrückt und ihre Behinderung wäre verschwunden.

Damals wollten uns Familie, Freunde und Bekannte ermutigen und schickten uns Bibelverse. Dieser war auch dabei: „Denen, die Gott lieben, müssen alle Dinge zum Besten dienen" (Römer 8, 28). In diesem Moment tröstete mich der Vers nicht. Er war viel eher eine Zumutung, weil er mir meine Warum-Fragen verbieten wollte. Aber genau das beschäftigte uns in den ersten Tagen. Warum ist Birte behindert? Haben wir etwas falsch gemacht? Warum?

Heute höre ich den Bibelvers mit anderen Ohren. Er macht mir Mut. Heute kann ich zurückschauen und sehe auch das Gute. Sicher, vieles verlief anders als erhofft und geplant. Es war anders, aber nicht schlechter. Im Gegenteil, durch Birte habe ich unendlich viel gelernt. Sie hat mein Leben bereichert und meinen Glauben beeinflusst. Birte ist ein Geschenk mit ihrer Lebensfreude, ihrer Gabe, sich schnell auf neue Situationen einzustellen, und ihren vertrauensvollen Gebeten, die meistens aus nur drei Worten bestehen. Ohne sie würde ich keine Vorträge halten und wäre auch nicht als *Die Dankbarkeitsbotschafterin* unterwegs. Sie, die Blinde, hat mir die Augen geöffnet für die Liebe Gottes, die jedem gilt!

Unser Leben hat durch sie Tiefgang bekommen. Es sind die schweren Zeiten, die mich reifen lassen, die mich prägen und mich zu dem Menschen gemacht haben, der ich heute bin.

Auch ohne Mach-alles-gut-Button ist alles für uns gut geworden! Dafür sage ich von Herzen: Gott sei Dank!

NEIN, DANKE

Postkarten und Briefe. Ich freue mich total, wenn außer Werbung echte Post im Briefkasten liegt, besonders rund um meinen Geburtstag. Alles Liebe! Alles Gute! Gottes Segen! Viel Kraft! Glückwünsche und persönliche Zeilen tun mir gut. Sie zeigen mir, wer an mich denkt und mich mag.

Schlucken muss ich allerdings jedes Mal, wenn ich Folgendes lese oder höre: „Bleib so, wie du bist!" Das ist bestimmt lieb gemeint, trotzdem fahre ich innerlich die Krallen aus und denke: Nein! Ich will nicht bleiben, wie ich bin! Ich will mich verändern!

Wenn ich heute noch da wäre, wo ich vor zwanzig Jahren war, wäre das wirklich schade. Ich habe mein Wissen erweitert, mein Glaube an Gott hat sich in Krisen bewährt und das Vertrauen auf ihn ist dadurch gewachsen. Ich habe mich verändert und kann andere Meinungen heute viel besser stehen lassen als früher.

Bei meinem letzten Geburtstag hörte ich wieder diesen Satz: „Bleib so, wie du bist!" Diesmal erklärte ich der Gratulantin freundlich, warum mich dieser Wunsch mehr ärgert als freut. Sie war erstaunt und zählte auf, warum sie mich mag und was sie an mir schätzt. Das alles hatte sie gemeint, als sie sagte: „Bleib so, wie du bist!"

Wie gut, dass ich ehrlich war, sonst hätte ich nicht erfahren, wie sehr sie mich schätzt. Danke! Trotzdem bleibt der Wunsch in mir, dass ich nicht so bleiben möchte, wie ich bin. Ich mag die Veränderung und gönne sie auch jedem anderen.

Das grösste Comeback aller Zeiten

*I*ch nehm' gern noch ein Eierlikörchen, das Leben muss ja irgendwie weitergehen!", sagt der junge Hape Kerkeling in seiner Filmbiografie *„Der Junge muss an die frische Luft"*. Wochenlang war dieses Zitat ein Running Gag zwischen mir und einer Freundin. Nicht, dass wir ständig Eierlikör getrunken hätten! Bei den Worten dachten wir an die Szene mit dem kleinen Jungen in Tigerfelljacke, mit Hütchen und rot geschminkten Lippen, der mit einer Zigarette in der Hand versuchte, sich wie eine feine Dame zu benehmen. Darüber mussten wir einfach lachen. Vor allem während des Corona-Lockdowns tat das gut. Es hat uns für kurze Zeit abgelenkt, und … das Leben musste ja irgendwie weitergehen!

Kindheit und Jugend von Hape Kerkeling waren alles andere als lustig. Später wurde aus ihm trotzdem oder gerade deswegen ein TV- und Bühnenstar. 2014 hatte er die Größe, sich komplett aus dem Showbusiness herauszuziehen. Sieben Jahre lang war er abgetaucht, dann kam er zurück ins Fernsehen. Das sorgte für viele Schlagzeilen und wurde gefeiert.

Aber das ist nichts gegen ein anderes, völlig unerwartetes Comeback. Das größte Comeback aller Zeiten liegt schon rund zweitausend Jahre zurück. Jesus starb an Karfreitag und wurde am Sonntag wieder lebendig. Jedes Jahr zu Ostern erinnern sich Christen weltweit daran.

Ich gebe zu, das klingt abgefahren und unglaublich. Wenn die Berichte über die Auferstehung nur Hirngespinste gewesen wären, die sich seine Nachfolger aus der Verzweiflung über seinen Tod heraus ausgedacht hatten, dann hätte nach kurzer Zeit keiner mehr darüber geredet. Das Gegenteil ist passiert. Die Nachricht, dass Jesus lebt, ging um die Welt und war nicht mehr zu stoppen. Bis heute.

Ostern ist für mich ein Hoffnungsfest. Hoffnung für mein Leben und Sterben. Ostern macht deutlich: Nach dem Tod ist nicht alles aus. Es geht weiter, für alle, die auf Gott vertrauen.

Das Comeback von Jesus ist für mich das größte Comeback aller Zeiten und kann nicht getoppt werden! Sorry, lieber Hape Kerkeling!

WELTUNTERGANGS-STIMMUNG

Es ist fünf vor zwölf!" Die Redewendung bedeutet: Es ist höchste Zeit! Dahinter steht die Warnung, dass es fast unmöglich ist, das drohende Unheil noch abzuwenden.

Von wegen fünf vor zwölf. Im Januar 2022 stand der Zeiger der sogenannten Weltuntergangsuhr gerade mal 100 Sekunden, also keine zwei Minuten vor zwölf Uhr. Die Weltuntergangsuhr gibt es seit 1947. Sie zeigt an, wie groß das jeweils aktuelle Risiko einer globalen Katastrophe ist. Gestartet wurde sie bei sieben Minuten vor zwölf. Die weltweite Erderwärmung, Krisen und Kriege peitschen den Zeiger immer weiter. Da kommt Weltuntergangsstimmung auf und jede Nachrichtensendung ist eine Bestätigung dafür.

Von dieser Weltuntergangsstimmung will ich mich nicht verunsichern lassen, ich bin und bleibe ein Hoffnungsmensch. Ich gehöre zu einer ganz besonderen GmbH: zur Gesellschaft mit berechtigter Hoffnung. Ich bin Christin. Der Glaube an Gott gibt mir Hoffnung über den Tod hinaus.

Unsere Birte hat einen Lieblingssatz: „Gott ist da!" Trotz ihrer sprachlichen Probleme artikuliert sie ihn deutlich. Mitten in meinem turbulenten Alltag ermutigt sie mich immer wieder mit diesen drei Worten.

Gott ist da! Auch wenn die Weltuntergangsuhr gnadenlos auf zwölf Uhr zugeht, weil Kriege und Katastrophen in der

Welt herrschen. Niemals lässt er seine geliebten Menschen im Stich.

Eine Freundin hat mir auf einer Karte einen Spruch des Theologen Peter Kuzmic zugeschickt: *„Hoffnung ist die Fähigkeit, die Musik der Zukunft zu hören. Glaube ist der Mut, in der Gegenwart danach zu tanzen."* [1]

Ich will hoffnungsvoll durch diesen Tag gehen. Trotz und mitten in der aktuellen Weltuntergangsstimmung, denn es gibt Grund zur Hoffnung und daran halte ich fest.

ABENTEUER LEBEN

Meine Ideen für Impulse und Geschichten kommen mitten aus meinem Leben. Es sind Schlagzeilen, Begegnungen, Gespräche oder Texte, die mich inspirieren. Bei dem Stichwort „Abenteuer Leben" hat es bei mir Klick gemacht. Das Leben ist überraschend, wundervoll, traurig, großzügig und manchmal niederschmetternd. Was immer auch kommt, es ist wichtig, einen festen Halt zu haben. Darüber wollte ich bei meinem nächsten Montagsimpuls-Video auf Youtube sprechen – so weit die Idee, die mir am Donnerstag kam.

Für Freitag war die Aufnahme geplant, doch dann kam alles anders. Zuerst gab es Grund zum Feiern: Unser Sohn Niklas hatte seinen Bachelor-Abschluss mit besten Noten gemeistert. Ich war so stolz auf ihn und total happy. Mitten in die Freude hinein klingelte das Telefon. Gut gelaunt ging ich dran und erfuhr, dass Birte positiv auf das Corona-Virus getestet worden war. Zack – war ich auf dem harten Boden der Realität zurück.

Birte hat Corona! Meine Gedanken rotierten: Sie kann nicht alleine in ihrem Zimmer im Wohnheim in Quarantäne bleiben! Ich muss sie sofort abholen! Wo kann ich einen PCR-Test machen lassen? Hoffentlich wird es ein milder Verlauf! Wird sie uns alle anstecken?

Ich spürte, wie Angst in mir hochkroch. Ich betete: „Gott, kümmere dich um alles!" Tatsächlich hörte das Gedankenkarussell auf, sich zu drehen. Ich atmete durch und konnte mich in Ruhe auf den Weg zu Birte machen.

Erst große Freude und dann Angst und Verunsicherung. Ich weiß wirklich nie, was als Nächstes passiert. Umso wichtiger ist es, dass ich in der Achterbahn des Lebens einen Halt habe, damit ich nicht aus der Bahn geschleudert werde.

Meinen Halt finde ich in Gott. In jeder Sekunde meines Lebens ist er mir nah und hört mir zu. Ihm kann ich alles sagen, was mich beschäftigt. Es reicht ein kurzes Stoßgebet wie nach meinem Telefonat am Freitagmorgen.

Das, was zuerst so dramatisch klang, entspannte sich schnell. Birte hatte kaum Symptome und überstand Corona sehr gut. Das Montagsimpuls-Video habe ich dann am Sonntag aufgenommen. Statt meiner theoretischen Ideen habe ich dann von meinem aktuellen „Abenteuer Leben" erzählt.

PUNKTE MERKEN

Der Lütetsburger Schlosspark mitten in Ostfriesland. Frühlingsstimmung. Die Vögel zwitscherten, Osterglocken kämpften sich durch eine dicke Laubschicht und überall blühten Krokusse. Ich genoss den Spaziergang und atmete die erdige Luft ein. Plötzlich kam mir der Gedanke: Finde ich wieder zurück zum Ausgang?

Schlagartig fühlte ich mich zurückversetzt in meine Kindheit. Meine Eltern, meine Schwester und ich gingen oft im Grunewald spazieren, dort, wo viele Berliner am Sonntag ihre Runden drehten. Ich konnte mir sicher sein, dass mein Vater mich an mindestens einer Wegkreuzung fragen würde: „Na, Sabine, wo müssen wir jetzt lang, wenn wir zurück zum Auto wollen? Rechts oder links?"

Oft stand ich da und wusste es nicht. Ich konnte mich schlecht orientieren. Ich weiß nicht, wie oft ich in meine Ratlosigkeit hinein diesen Satz von meinem Vater gehört habe: „Du musst dir Punkte merken!"

Immer wieder habe ich das mit ihm geübt. Irgendwann hat es geklappt. Seitdem kann ich mich nicht nur im Wald, sondern sogar in fremden Städten orientieren. „Punkte merken". Der Rat meines Vaters begleitet mich immer noch.

Als Teenager habe ich entdeckt, dass der christliche Glaube meinem Leben einen ganz neuen Sinn gibt. Die Weisheiten der Bibel wurden zu meinen Orientierungshilfen.

Mit neunzehn Jahren musste ich mich entscheiden: Arbeite

ich weiter in meinem Beruf als Einzelhandelskauffrau oder fange ich in der Telefonzentrale eines christlichen Medienhauses an? Dafür musste ich umziehen. Wollte ich die gewohnte Umgebung und meine Freunde verlassen? Ein Bibelvers half mir bei meiner Entscheidung: „Sei mutig und stark! Fürchte dich also nicht, und hab keine Angst; denn der Herr, dein Gott, ist mit dir bei allem, was du unternimmst." (Josua 1, 9)

Ich habe meine Stelle im Einzelhandel gekündigt und einen neuen Weg eingeschlagen. Im Nachhinein war es das Beste, was ich machen konnte. Die Telefonzentrale war überraschenderweise nur eine Durchgangsstation. Durch Gespräche mit Redakteuren und meine freie Mitarbeit im Jugendprogramm des ERF entdeckte ich, dass Radio und Journalismus genau mein Ding sind.

Aufgeregtes Vogelzwitschern holte mich bei meinem Spaziergang zurück in die Gegenwart. Völlig in Gedanken war ich kreuz und quer durch den Park gelaufen. Jetzt stand ich an einer Weggabelung. Ich schaute mich um und entdeckte in der Ferne das kleine Schloss. Das war der richtige Weg. „Punkte merken!", schoss es mir wieder durch den Kopf. Danke, Papa, für den wegweisenden Satz! Und danke, lieber Gott, dass du immer an meiner Seite bist!

Putz-Gedanken

Wenn es etwas gibt, das ich nicht gerne mache und auf das ich gut verzichten könnte, dann ist das Putzen! Aber es muss ja gemacht werden.

Beim letzten Putzlappenschwingen hatte ich noch weniger Lust als sonst. Ich wollte gerade den Badezimmerspiegel sauber machen, da sah ich mein Gesicht: hängende Mundwinkel und genervter Blick.

„Ja, super!", sagte ich laut zu meinem Spiegelbild, „Wenn du weiter so negativ denkst, geht's nicht schneller und es macht dir noch weniger Spaß!" Jetzt führte ich schon Selbstgespräche?!

Plötzlich musste ich über mich selbst grinsen. Meine Laune wurde besser und mir kam eine Idee: Die Hände putzen weiter und ich denke währenddessen an Menschen, die mir am Herzen liegen. Beten und putzen.

Worte und Gedanken haben Macht. Sie bestimmen, was ich über mich selbst denke. Manchmal erwische ich mich dabei, wie ich bei einem Missgeschick murmle: „Du bist ja blöd!" Ein kleiner Satz, der sich in meinem Kopf festsetzen kann und meinem Selbstbewusstsein schaden könnte. Ich will Gutes von mir denken, denn ich bin wertvoll, geliebt und gewollt von Gott, dem Schöpfer der Welt. Ich will Gutes von mir denken, trotz meiner Fehler und Macken. Ich will, dass mich gute Gedanken prägen.

Ich putzte die Dusche und betete für eine Freundin. Ich wischte die Fliesen und dankte Gott für meine Familie.

Diesmal hatte ich mehr als nur eine saubere Wohnung. Ich hatte beim Putzen und Beten zu einer positiven inneren Einstellung gefunden, denn mit guten Gedanken geht alles besser von der Hand. Sogar das Putzen.

MASSVOLL BLEIBEN

*B*leiben Sie gesund!" Spätestens seit Beginn der Corona-Pandemie ist das ein beliebter Gruß, den jeder versteht. Diesen ungewöhnlichen Gruß in einer E-Mail musste ich mehrmals lesen, um zu verstehen, was der Absender damit meinen könnte: „Bleiben Sie maßvoll und bewahrt!" Maßvoll?

Dazu fiel mir ein Gespräch mit meiner 89-jährigen Freundin ein. Es ging um unsere Gesellschaft und die Auswirkungen von Corona. Sie kam zu dem Schluss, dass die Menschen demütiger werden müssten.

Demütig – das klingt altbacken und alles andere als attraktiv. Viele denken dabei an Unterwürfigkeit und Duckmäusertum. Demut meint eine Bereitschaft zu dienen. Man könnte statt Demut auch Dienmut sagen. So wird dann auch der Appell meiner Freundin verständlicher. Dienen gelingt dann, wenn ich mich selbst nicht so wichtig nehme und aus Rücksicht auf andere auf etwas verzichte. In der Pandemie, als das Reisen wieder möglich war, es aber noch keinen Impfschutz gab, wäre ich gerne für ein Wochenende nach Berlin gefahren. Das Risiko, mich anzustecken, und das Virus in meinem Umfeld weiterzugeben, schien mir jedoch zu hoch. Also blieb ich zu Hause. Das bedeutete für mich, maßvoll zu bleiben.

Gott hat mir eine Würde geschenkt, und je bewusster ich mir dessen bin, umso leichter fällt es mir, anderen zu dienen. Es gibt keinen Dienst, der unter meiner Würde wäre.

„Bleiben Sie maßvoll und bewahrt!" – So bekam der ungewöhnliche Gruß für mich einen tiefen Sinn. Danke, lieber Mailschreiber!

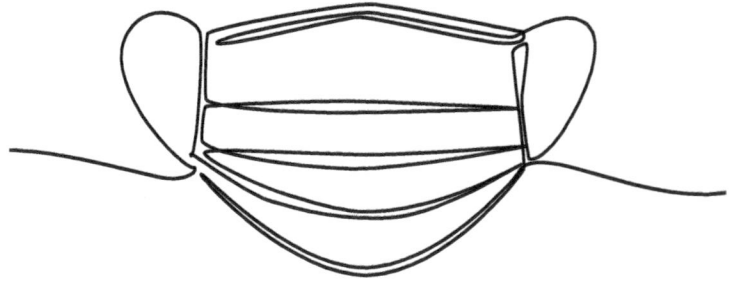

TANZE MIT MIR IN DEN HIMMEL HINEIN

*N*ie wieder werde ich mit ihr Spargel essen. Nie wieder werde ich ihre weisen Worte hören. Nie wieder wird sie ein Gebet für mich sprechen. Alles vorbei. Meine älteste Freundin Fritzi starb im Alter von 89 Jahren. Nein, bei ihr muss ich eigentlich den altertümlichen Begriff *„heimgegangen"* benutzen. Das trifft es besser: Fritzi war Christin. Für sie stand fest, dass es ein Leben nach dem Tod gibt, ihr ewiges zuhause bei Gott.

Deshalb war ihre Beerdigung kein Schlussstrich, sondern hoffnungsvoll und fast schon beschwingt. Neben der guten Ansprache des Pfarrers und den Kirchenliedern waren es zwei Instrumentalstücke, die für diese ungewöhnlich gelöste Atmosphäre sorgten. Auf einer Trauerfeier hatte ich sie noch nie gehört. Das eine war ihr Lieblingslied „Kauf dir einen bunten Luftballon" und das andere „Tanze mit mir in den Himmel hinein". Dazu hatte Fritzi gern mit ihrem Mann Peter getanzt. Sie hatte mir von diesen vielen schönen Erinnerungen erzählt.

Die Melodie erklang, als der Sarg zur Grabstätte getragen wurde. Das passte. Alles Schwere war jetzt von ihr abgefallen.

„Ich tanze mit dir in den Himmel hinein", summte ich leise mit und mir stiegen die Tränen in die Augen. Ich stellte mir vor, wie Fritzi mit ihrem Peter wieder unbeschwert tanzen konnte. Plötzlich hatte ich ihr helles, trotz ihres Alters immer noch mädchenhaftes Lachen im Ohr. Fritzi war zu Hause. Bei Gott. Sie hatte darauf vertraut, dass es ein Wiedersehen gibt, mit all ihren Lieben, die ihr vorausgegangen waren, darauf hatte sie sich gefreut.

Für mich geht das Leben weiter. Meine Traurigkeit verwandelt sich in Dankbarkeit, dass ich Fritzi kennen durfte. Wir werden uns wiedersehen. Der Tod ist nicht das Ende. Es geht weiter für die, die an Gott glauben.

Mit dem Herzen sehen

Nicht sehen können. Für die meisten Menschen ist das eine schreckliche Vorstellung! Wenn ich erzähle, dass unsere Tochter Birte mehrfachbehindert und blind ist, sind viele geschockt.

„Die Arme", habe ich oft gehört.

Birte kennt es nicht anders und sie hat auf ihre Art gelernt zu sehen. Sie sieht mit den Ohren, den Fingern und vor allem mit ihrem Herzen. Das beeindruckt mich immer wieder: Sie lässt sich nicht von Äußerlichkeiten ablenken. Das kann ich immer wieder von ihr lernen.

Als Birte drei Jahre alt war, spazierte ich durch die Fußgängerzone von Altena und schob Birte im Buggy. Plötzlich kam ein Mann mit abgewetzten Klamotten zielstrebig auf uns zu. Ich dachte: Was will er von uns? Da stand er schon direkt vor Birte und fragte höflich und mit angenehmer Stimme: „Darf ich Ihrer Tochter mal die Hand geben?"

Damit hatte ich nicht gerechnet. Mein Blick fiel auf seine dreckigen Finger. Er hatte sie wohl schon länger nicht mehr gewaschen. Ehe ich reagieren konnte, streckte Birte ihren Arm in die Richtung, aus der die freundliche Frage gekommen war. Der Mann nahm ihre Hand und drückte sie. Dabei ging ein Strahlen über sein Gesicht. Auch Birte schenkte ihm ein von Herzen kommendes Lächeln. Der Fremde schaute sie noch mal an und ging.

Viele Jahre habe ich nicht mehr an diese Begegnung gedacht.

Bei der Vorbereitung auf einen Vortrag zum Thema „Jeder Mensch ist ein Gedanke Gottes" fiel mir das ungewöhnliche Treffen in der Fußgängerzone wieder ein.

Damals hätte ich den Mann am liebsten weggeschickt, weil ich nur auf sein dreckiges Äußeres geachtet habe. Für Birte spielte das keine Rolle. Sie hörte die freundliche Frage und reagierte darauf.

Ich weiß nicht, was den Mann veranlasst hat, auf uns zuzukommen und warum ihm der Händedruck wichtig war.

Heute denke ich, dass ich etwas daraus lernen sollte. Die Erkenntnis kommt spät, aber besser als nie.

„Man sieht nur mit dem Herzen gut. Das Wesentliche ist für die Augen unsichtbar", schrieb Antoine de Saint-Exupéry in seinem wundervollen Buch *„Der kleine Prinz"*. Erst durch Birte habe ich die Tiefe dieses Satzes begriffen.

Manchmal bedauere ich es, dass Birte die Schönheit dieser Welt nicht sieht. Ich kann nur versuchen, ihr alles zu beschreiben. Ob mir das gelingt, weiß ich nicht. Dafür hat sie die Gabe, mit dem Herzen zu sehen, und ich möchte weiterhin von ihr lernen, Menschen nicht nach ihrem Äußeren zu bewerten oder in Schubladen zu stecken.

Auf den mitleidigen Kommentar „Die Arme!" antworte ich damals wie heute: „Nein, Birte ist nicht arm. Sie ist reich, denn sie sieht mit dem Herzen!"

Wenn Eltern dem Mörder ihres Sohnes vergeben

*I*nterviews gehören zu meiner Arbeit als Journalistin. Manche sind schnell vergessen, andere wirken lange nach und werden für mich zu Gott-sei-Dank-Momenten. So wie das Interview mit Ehepaar Schlitter. Es war bei einer Veranstaltung zum Thema: „Trotzdem glauben, wenn du dein Kind verlierst."

Was die beiden erlebt haben, ist der blanke Horror. 2010 wurde ihr zehnjähriger Sohn Mirco verschleppt. Eine Sonderkommission ermittelte auf Hochtouren. 145 Tage blieb die Familie im Unklaren, was passiert war. Sandra und Reinhard Schlitter erzählten, wie sie und ihre drei Kinder versuchten, trotzdem normal weiterzuleben – ohne Mirco, aber mit vielen Ängsten. Der christliche Glaube hat ihnen Halt und Kraft gegeben. Dann kam die traurige Gewissheit: Mirco ist tot. Er wurde ermordet.

Besonders beeindruckt war ich, als die beiden schilderten, wie sie sich entschieden haben, dem Mörder ihres Sohnes zu vergeben. Das war, lange bevor überhaupt feststand, wer die Tat begangen hatte. Als Christen war ihnen das Vaterunser vertraut, das Gebet, das Jesus seinen Nachfolgern mit auf den Weg gegeben hat. Dort heißt es: „Vergib uns unsere Schuld, wie auch wir vergeben unseren Schuldigern." (Matthäus 6, 12)

Für das Ehepaar stand fest, dass sie die Jesus-Worte umsetzen wollten. Sie erlebten das Vergebenkönnen als eine große Entlastung. Ab diesem Moment bestimmten nicht mehr Bitterkeit, Schmerz und Verletzungen ihren Alltag. Das ist der Grund, warum die Familie nicht an der Situation zerbrochen ist, wie viele andere, die ihre Kinder auf solch eine schreckliche Weise verloren haben.

Dem Mörder ist es nicht wichtig, dass Mircos Eltern ihm vergeben haben. Bis heute hat er sich nicht für seine Tat entschuldigt.

Das Interview mit Ehepaar Schlitter hat mich bewegt und aufgerüttelt: Wenn es möglich ist, dem Mörder des eigenen Kindes zu vergeben, dann ist Vergebung immer eine Option. Es liegt an mir, ob ich bereit bin zu vergeben. Wenn ich jemandem vergebe, tut das meiner Seele gut. Unrecht oder Verletzungen, die ich erlebt habe, müssen mich nicht mehr belasten. Danke, Sandra und Reinhard, dass ihr mir das deutlich gemacht habt!

.

Poesiealbum-Erinnerungen

Es ist hellbraun in Lederoptik, hat ziemlich viele Schrammen und über der tiefsten klebt eine Schwalbe mit Kleeblatt im Schnabel. Ich habe mein altes Poesiealbum wiederentdeckt. Weihnachten 1976 lag es unter dem Baum. Von da an bekam es jeder unter die Nase gehalten, den ich kannte. Jedes Mal war ich gespannt, was hineingeschrieben wurde.

Oma Gretel wählte den beliebten Spruch: „Sei wie das Veilchen im Moose, sittsam, bescheiden und rein, und nicht wie die stolze Rose, die immer bewundert will sein."

Ein Klassenkamerad schrieb: „Mach es wie die Sonnenuhr, zähl die heiteren Stunden nur." Dazu kamen viele weitere, klassische Poesiealbum-Sprüche von Lehrern, Nachbarn und Verwandten.

Ein Eintrag fiel mir beim Durchblättern besonders ins Auge. Auf der linken Albumseite wurde ein Bild mit einem Spruch eingeklebt, auf der rechten steht viel Text. Annette schrieb im Oktober 1981 diesen Eintrag. Es ist eine Mischung aus Zitat und persönlichem Gruß.

Sie war älter als ich und mein Vorbild. Wenn ich Fragen zum christlichen Glauben hatte, konnte ich sie bei ihr loswerden und sie ermutigte mich zur Bibellese.

Sie schrieb diese Gedanken von Dietrich Bonhoeffer in mein

Poesiealbum: *„Ich glaube, dass Gott uns in jeder Notlage so viel Widerstandskraft geben will, wie wir brauchen. Aber er gibt sie uns nicht im Voraus, damit wir uns nicht auf uns selbst verlassen. In solchem Glauben müsste alle Angst vor der Zukunft überwunden sein."*

Darunter ergänzte sie: „Ich wünsche dir mit diesem Zitat Mut und Hoffnung für die Zukunft, was immer auch geschehen mag. Deine Annette"

Mit meinen vierzehn Jahren verstand ich diese Zeilen nicht. Heute sind diese Worte für mich verständlich und sie wirken vertraut, weil ich sie erlebt habe. Gott schenkt mir Kraft und Hoffnung, wenn ich sie brauche. Nicht vorher. Manchmal habe ich das erst im Rückblick begriffen.

Niklas ist nur sechzehn Monate älter als Birte. Ein paar Wochen nach Birtes Geburt habe ich, wie vorher schon, sonntagsmorgens meine Kirchensendung im Lokalradio live moderiert. Dafür musste ich um halb fünf aufstehen, dreißig Minuten nach Iserlohn fahren, Sendung vorbereiten und moderieren. Danach schnell wieder zurück und direkt in den Gottesdienst. Hier warteten mein Mann und meine Kinder auf mich. Damals war das ganz normal für uns. Heute denke ich: Wie haben wir das nur geschafft, jahrelang so durchzupowern?

Ich bin davon überzeugt, dass Gott uns die Kraft dafür geschenkt hat. Mit Verspätung sage ich dafür: Gott sei Dank. Ich bin dankbar für die vorausschauenden, weisen Worte von Annette in meinem Poesiealbum.

Wenn Tore keine Rolle

mehr spielen

*I*ch saß auf der Terrasse und genoss den lauen Sommerabend. Da kam unser Sohn angestürmt. Völlig entsetzt erzählte er von dem Zusammenbruch des dänischen Fußballers Christian Eriksen beim Fußball-Europameisterschaftsspiel Dänemark gegen Finnland. Er musste wiederbelebt werden. Alles vor laufender Kamera. Die Zuschauer hielten den Atem an.

Von alldem hatte ich nichts mitbekommen. Ich schnappte mir mein Handy und wollte schauen, was in den Nachrichtenportalen berichtet wurde, dann wechselte ich in die sozialen Netzwerke. Eriksens Zusammenbruch war Thema Nummer eins. Es gab viele Kommentare von meinen Freunden. Hier stand nicht die Sensationslust im Vordergrund, sondern Anteilnahme, Mitgefühl und sogar der Aufruf zum Gebet.

Der Reformator Martin Luther soll gesagt haben: „Fürbitten heißt: jemandem einen Engel schicken!"

Während Christian Eriksen auf dem Spielfeld lag, waren viele menschliche Engel um ihn herum: der Schiedsrichter, der sofort richtig reagiert hat, besonnene Mitspieler, Ärzte, Sanitäter und später das Krankenhauspersonal. Ich bin mir sicher, dass auch unsichtbare Engel in Aktion waren.

Plötzlich spielten Tore keine Rolle mehr. Von jetzt auf gleich ging es um Tod oder Leben. Vielleicht kam die große Anteilnahme und Betroffenheit daher, weil plötzlich deutlich wurde: Wir sind nicht die Chefs über unsere Lebenszeit!

Ich bin dankbar, dass ich weiß: Meine Zeit steht in Gottes Händen!

Noch etwas hat mir das Drama auf dem Fußballplatz gezeigt: Der Draht nach oben funktioniert jederzeit! Ich kann immer mit Gott, dem Vater von Jesus, sprechen und für andere Menschen bitten und auf diese Weise einen Engel losschicken.

Aus Gedanken wird Danken

*H*ungersnöte, Erderwärmung, Pandemie. Wenn ich wollte, könnte ich mir den ganzen Tag Sorgen machen. Ich sehe es als Geschenk an, dass ich nicht alles Elend der Welt sofort in mein Herz lassen muss. Offenbar scheine ich einen Filter zu haben, der nicht alles durchlässt.

Im Frühjahr 2022 erzählte mir eine Freundin, dass sie immer an den Krieg in der Ukraine denken musste und besonders an die Menschen, die in den Bunkern ausharrten. Ich spürte, dass dieser Gedanke für sie eine große Last war.

„Gedanken". Plötzlich hatte ich das Wort vor meinem inneren Auge und mir fiel auf: Da steckt „danken" drin!

In meinen Vorträgen sage ich, dass danken von denken kommt. Tatsächlich haben die Wörter danken und denken eine gemeinsame Herkunft. „Danke" bedeutete früher, dass man sich an etwas Vergangenes erinnert. Danken und denken gehören zusammen.

Wenn mich das nächste Mal Sorgen beschäftigen, lehne ich mich bewusst zurück und stelle mir das Wort „Gedanken" vor. Dann streiche ich die Buchstaben G und E und überlege, wofür ich danken kann.

Wenn ich danke, treten die beängstigenden Dinge in den Hintergrund und Hoffnung kann sich ausbreiten. Ich bin nicht blauäugig. Vieles um uns herum ist besorgniserregend und traurig, trotzdem will ich die guten Dinge nicht vergessen, die Gott mir schon geschenkt hat. Und außerdem weiß ich, dass Gott sich um alles kümmert.

Danke

ZUCKERTÜTCHEN-BOTSCHAFT

Das Leben ist schön!", las ich auf dem Zuckertütchen, das vor mir lag. Ich saß gemütlich mit meinem Sohn Niklas in einem Café. Er hatte mich zum Frühstück eingeladen. „Das Leben ist schön" – in diesem Moment war das mein Lebensgefühl.

Das hielt an, bis ich am Abend einen Anruf aus dem Wohnheim meiner Tochter bekam. Die Betreuerin erzählte, dass Birte über starke Zahnschmerzen klagen würde und sie, im wahrsten Sinne des Wortes, untröstlich sei!

Ich ließ alles stehen und liegen und fuhr zu Birte. Gott sei Dank ist das Wohnheim nur fünfundzwanzig Autominuten von uns entfernt. Ich wollte sie nach Hause holen und am nächsten Morgen sofort mit ihr zur Zahnärztin fahren.

Auf dem Weg zu Birte spürte ich, dass meine Sorge immer größer wurde, weil ich nicht wusste, was die Schmerzen verursachte. Die Angst schnürte mir fast die Luft ab.

„Ich will keine Angst haben!", sagte ich laut. Aus einem Impuls heraus fing ich an zu singen. Ein Kirchenlied. *„Ich danke meinem Gott von ganzem Herzen. Von all seinen Wundern will ich laut erzählen und loben seinen Namen!"*[2]

Als ich am Wohnheim ankam, war die Angst verschwunden. Das kann man wissenschaftlich erklären: Singen setzt Glückshormone frei und gleichzeitig werden Stresshormone abgebaut.

Für mich war das mehr als nur ein Hormonschub. Es war ein himmlischer Trost, ein Geschenk von Gott, dass meine Angst verschwunden war.

Als sich Birte vor dem Wohnheim ins Auto setzte, hatte sie sich schon beruhigt und am nächsten Morgen war es, als ob nichts gewesen wäre. Zur Zahnärztin fuhren wir trotzdem. Die fand schnell den Auslöser für die plötzlichen Zahnschmerzen und konnte helfen.

„Das Leben ist schön!" Dieses Erlebnis hat mir gezeigt, wie zerbrechlich dieses Gefühl ist. Schneller als gedacht kommt das Schwere.

Beides gehört zu meinem Leben: das Schöne und das Schwere. Die Kunst ist, dass ich in schwierigen Lagen nicht vergesse, was ich schon Gutes erlebt habe. Ich schreibe mir auf, wofür ich Gott sei Dank sagen kann, und meine Notizen sind wie ein Dankbarkeitsspeicher. Daraus kann ich in schweren Zeiten schöpfen.

EIN ULTRAKURZES GEBET

"Oh Gott!" Weiß auf schwarz standen diese zwei Worte am 17. Juli 2021 auf der Titelseite eines bekannten Boulevard-Blattes. Darüber in roten Buchstaben: Die Todesflut. Am Mittwoch, den 14. Juli, hatte andauernder, sintflutartiger Regen im Westen von Deutschland für große Überschwemmungen gesorgt. Menschen verloren ihr Leben; Häuser, Straßen und Fabriken wurden zerstört.

Es ist etwas anderes, wenn ich von einer Katastrophe in der Zeitung lese, Berichte im Fernsehen verfolge oder ob ich es hautnah miterlebe. So ging es mir an jenem Mittwoch im Juli 2021.

Von meinem Küchenfenster aus sah ich, wie immer mehr Wasser vom Berg herunterströmte. Schließlich verwandelten die Wassermassen die Straße in einen reißenden Fluss, der Mülltonnen, Bäume und Geröll mit sich riss und alles überflutete.

Ich war mittendrin und doch in Sicherheit. Unser Haus liegt auf einem Hügel. Über den hatte ich schon oft geschimpft, weil er so steil ist und es mühsam ist, den Einkauf hochzuschleppen. Auch für unsere gehbehinderte Tochter ist der Berg eine Herausforderung. Jetzt war ich plötzlich dankbar dafür.

Ich stand an meinem Küchenfenster und wusste nicht, was ich denken und sagen sollte außer: „Oh Gott!" Für mich waren diese zwei Worte kein Ausdruck der Verärgerung, Missbilligung oder des Erschreckens, wie die Redewendung im Lexikon erklärt wird. „Oh, Gott" – war mein ultrakurzes Gebet. Mir fehlten die Worte, doch Gott wusste auch so, dass es meine Bitte um Hilfe und Schutz für alle Betroffenen war.

Dann las ich Tage später die reißerische Schlagzeile: „Oh Gott!" Ich habe mich gefragt: Wird Gott wieder für alles verantwortlich gemacht, was wir Menschen uns selbst eingebrockt haben? Wir haben Wälder gerodet, Flussläufe verändert und viele Flächen einfach zugebaut, wo sich sonst Wassermassen verteilen konnten. Viele Naturkatastrophen sind menschengemacht.

Dann kam mir ein neuer Gedanke: Vielleicht war es gut, dass Gott auf dem Titelblatt einer deutschlandweiten Zeitung erwähnt wurde. Es könnte ja auch eine Erinnerung daran sein, dass es eine höhere Instanz gibt, den Einen, der keinen Menschen vergisst und der nur ein Oh-Gott weit entfernt ist.

BITTE LÄCHELN!

Es ist unser Samstagsritual: der Spaziergang durch die Lüdenscheider Fußgängerzone. Birte schiebt ihren Rolli. Alleine laufen kann unsere erwachsene Tochter wegen ihrer Behinderung noch nicht, doch wir geben die Hoffnung nicht auf, dass sie eines Tages selbstständig stehen und gehen kann. Der Rolli gibt ihr Halt, ich gebe die Richtung an und begleite sie. Das macht ihr viel Spaß und deshalb hat sie immer ein breites Lächeln im Gesicht. Irgendwann fiel mir auf, dass die Menschen, die uns entgegenkamen, auch lächelten.

Es war offensichtlich, dass es Birtes fröhliches Gesicht war, das die Passanten zum Lächeln brachte. Weil sie das aufgrund ihrer Blindheit nicht sehen konnte, habe ich ihr davon erzählt. Da strahlte sie noch mehr!

Mir kam eine verrückte Idee. Ich flüsterte Birte ins Ohr: „Wir zählen jetzt mal die lächelnden Gesichter!" Ich meldete ihr jedes freundliche Gesicht. Irgendwann hörten wir auf. Es wurde langweilig. Mit so viel Freundlichkeit hatte ich nicht gerechnet!

Ein paar Tage später entdeckte ich im Internet auf der Seite einer Ärztevereinigung die Überschrift: Lächeln Sie sich gesünder, schlauer und glücklicher! In dem dazugehörigen Artikel wurde aufgezählt, was Lächeln aus medizinischer Sicht bewirkt: Es steigert die Immunabwehr, senkt das Schmerzempfinden, hilft bei Depressionen, baut Stress ab, setzt Glückshormone frei, macht leistungsfähiger, steigert die Kreativität und sogar die Beliebtheit. Mit einem Lächeln tue ich mir und anderen etwas Gutes. Genial!

Warum immer nur für andere meine Gesichtsmuskeln bewegen? Wie wäre es, wenn ich meinem Spiegelbild mal zulächele? Psychologen weisen darauf hin, dass das ein Ausdruck der Achtsamkeit und der Selbstliebe ist. Das hat nichts mit Selbstverliebtheit zu tun. Ich darf und kann mich liebevoll betrachten mit all meinen Ecken und Kanten. Warum? Weil ich ein wunderbarer und einzigartiger Gedanke Gottes bin.

Beim nächsten Blick in den Spiegel denke ich daran und schenke mir selbst ein Lächeln. Und beim nächsten Samstagsspaziergang mit Birte lächeln wir wieder den Passanten zu.

ECHT SCHAF!

Sommerzeit ist Urlaubszeit! Das, was früher die Postkarte erledigte, übernehmen heute Facebook, Twitter und WhatsApp. Besonders in den Statusmeldungen von WhatsApp werden jede Menge Urlaubsfotos hochgeladen. Ein Motiv ist offensichtlich sehr beliebt: Schafe am Deich.

Unter einem dieser Fotos las ich einen interessanten Kommentar. Hier stand nicht: „Viele Grüße von der Nordsee!", sondern der kurze Satz aus der Bibel: „Der Herr ist mein Hirte." (Psalm 23)

Diesen Vers musste ich im Konfirmandenunterricht auswendig lernen. Damals fand ich das nicht prickelnd, geradezu doof. Heute bin ich dankbar für alle Bibelverse und Liedstrophen, die ich mir damals einprägen musste! Diese Sätze sind mir in Krisenzeiten sofort präsent und geben mir Mut und Kraft.

Normalerweise lese ich moderne Bibelübersetzungen, doch den 23. Psalm liebe ich altbacken nach der Übersetzung von Martin Luther: *„Der Herr ist mein Hirte, mir wird nichts mangeln. Er weidet mich auf einer grünen Aue und führet mich zu frischem Wasser. Er erquicket meine Seele."*

Diese Worte stammen von König David und sind mehr als 3000 Jahre alt. Sein Psalm spiegelt wider, was ich mir für heute wünsche: Ich brauche jemanden, der mich beschützt und der den Weg kennt. Ich brauche einen, der weiß, was meiner Seele guttut.

1000 Jahre nachdem David den Psalm gedichtet hatte, sagte Jesus: „Ich bin der gute Hirte!"

Mit diesen Worten schlug Jesus eine Brücke von Psalm 23 zu sich selbst. Er hatte sich bis zur Selbstaufgabe für die Menschen eingesetzt. Jesus ist derjenige, der weiß, wo es langgeht und was mir guttut.

Psalm 23 ist mehr als nur ein schönes Bild, das in der Bibel zu finden ist. Psalm 23 ist Realität. Jesus kümmert sich um mich. Beim nächsten Schaf-am-Deich-Urlaubsfoto werde ich an diesen einen besonderen Hirten denken!

Ohne geht's nicht

Was war mein größter Fehler? Eine unangenehme Frage! In den USA wird sie mindestens einmal im Jahr ganz offiziell gestellt. Der 15. August ist dort der „Tag der Fehler". Ziel dieses kuriosen Feiertags ist es nicht, dass man sein schlechtes Gewissen pflegt oder sich mit dem quält, was man falsch gemacht hat, sondern es wird betont, dass man aus Fehlern lernen kann und aus ihnen sogar etwas Gutes entsteht.

Das passt zur Mentalität der US-Amerikaner. Wer dort sein Unternehmen in die Insolvenz gesteuert hat, zieht sich nicht schamvoll zurück, sondern startet so schnell wie möglich einen neuen Versuch. Scheitern ist in diesem Fall kein Makel, sondern wird als Chance zur Weiterentwicklung gesehen.

Tatsächlich sind manche großen Erfindungen durch Fehler oder Unachtsamkeit entstanden. Der Bakteriologe Sir Alexander Fleming vergaß 1928 nach einem Experiment, sich um einen Behälter mit Bakterien zu kümmern. Als er ihn später wieder in Augenschein nahm, entdeckte er Schimmelpilze. Sie wurden zur Grundlage für eines der wichtigsten Antibiotika: Penicillin.

James Goodyear wollte ein strapazierfähiges Gummi herstellen. Er gab Gummi und Schwefel zusammen in einen Topf, stellte ihn auf einen Herd und dachte nicht mehr daran. Irgendwann erinnerte er sich an seinen Versuch. Erstaunt stellte Goodyear fest, dass die Masse genauso geworden war, wie er es sich gewünscht hatte. Das war die Geburtsstunde eines besonderen Autoreifens.

Das zeigt: Aus Fehlern kann tatsächlich Gutes entstehen!

Fehler zu machen, ist peinlich und unangenehm, deshalb möchte ich sie vermeiden. Aber dann dürfte ich nur noch das tun, womit ich mich sehr gut auskenne. Neues auszuprobieren wäre ein Tabu, denn das Fehlerrisiko wäre zu hoch. Die Konsequenz hieße Stillstand. Aber das ist nicht das Leben, das ich mir wünsche, und nicht das, was sich der Chef der Welt gedacht hat. Gott möchte, dass ich mich weiterentwickele, meine Gaben entdecke und einsetze. Und das kann ich nur, wenn ich keine Angst habe, Fehler zu machen.

In meinem Alltag unterlaufen mir immer wieder Fehler und Missgeschicke.

Vor einiger Zeit ließ ich in der Berliner U-Bahn meine Einkaufstüte mit drei wunderschönen, teuren Shirts stehen. Zwei waren als Mitbringsel für meine Kinder gedacht und ein traumhaftes mit Glitzersteinchen hatte ich mir selbst gegönnt. Ich war total sauer über meine Schusseligkeit und das Fundbüro machte mir wenig Hoffnung. Ich war hin- und hergerissen, ob ich alles noch einmal kaufen sollte. Das ist viel zu teuer, dachte ich. Trotzdem zog es mich zurück in den Laden. Warum? Ich weiß es nicht. Dort wurde ich erwartet. Die Verkäuferin berichtete von einem Anruf. Eine Frau hatte die Tüte mit den drei Shirts und dem Bon dieser Filiale in der U-Bahn gefunden, im Geschäft angerufen und gefragt, ob der Käufer bekannt wäre. Vorsorglich hatte sie ihre Handynummer hinterlassen. Ich rief an, gab ihr meine Adresse und ein paar Tage später kamen meine Shirts per Post bei mir an.

Wenn mir kleinere oder größere Fehler passieren, tröstet mich ein Satz des Philosophen Augustinus. „Denen, die Gott lieben, verwandelt er alles in Gutes. Auch ihre Irrwege und Fehler lässt Gott ihnen zum Guten werden!"

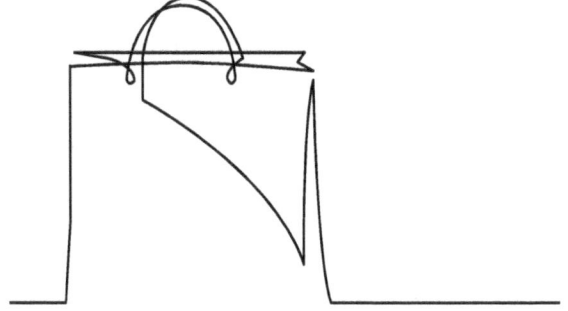

Zufall oder der Draht nach oben?

Ein Sommertag im Sauerland mit Sonne und Wärme. Ja, das gibt es auch! Am Nachmittag hatten Birte und ich uns mit Opa und Oma in Recklinghausen verabredet. Wir setzten uns froh gelaunt und sommerlich bekleidet ins Auto und düsten auf der A 45 gen Westen. Doch kurz vor Hagen war nichts mehr mit Sonnenschein. Dicke Wolken hingen am Himmel, und je näher wir dem Ruhrpott kamen, desto tiefer sanken die Temperaturen von achtzehn auf fünfzehn Grad.

„Da werden wir wohl frieren", meinte ich zu Birte.

Ich war sauer, dass ich keine Jacken mitgenommen hatte. Doch kurz darauf kam mir eine Idee und ich sagte: „Wir könnten beten, dass das Wetter besser wird!"

Birte faltete sofort die Hände und ich betete: „Lieber Vater im Himmel, du bist der Herr über Wolken und Wind. Du kannst schenken, dass die Wolken über Recklinghausen weggepustet werden! Amen."

Es blieb trüb. Wir fuhren in die Stadt und mussten an einer Ampel warten. Zweifelnd schaute ich zum Himmel und entdeckte tatsächlich ein Stückchen Blau. Ein paar Minuten später strahlte die Sonne. Birte und ich waren happy!

Oma und Opa erzählten wir von unserem Wettergebet. Opa kommentierte: „Bei uns hat es erst vor einer halben Stunde angefangen aufzuklaren." Ja, zu dieser Zeit sprachen wir unser Gebet. Ist unser Gottvertrauen naiv? War das Zufall?

Egal, für mich war es ein Zeichen, dass Gott mein Gebet gehört hat. Ich kann ihm alles anvertrauen, nichts ist ihm zu klein oder unbedeutend – und auch wenn es nur die Wolken über Recklinghausen sind.

Gebetshelden

*B*is zum 14. Juli 2021 war er nur ein Bauunternehmer aus Mechernich. Dann kam die Flutkatastrophe, die Teile von Nordrhein-Westfalen und Rheinland-Pfalz verwüstete, und jetzt ist er ein Held: Hubert Schilles.

Wassermassen fluteten das Land, weichten Dämme auf und drückten gegen Talsperren. Die Steinbachtalsperre bei Euskirchen drohte zu brechen. Hubert Schilles wurde gefragt, ob er bereit wäre, achtzehn Meter unterhalb des Wasserspiegels den Ablauf von Geröll freizubaggern, um den Druck auf die Mauer zu verringern. Eine lebensgefährliche Aufgabe!

Hubert Schilles tat es trotzdem, weil er wusste, was für die Menschen unterhalb der Talsperre auf dem Spiel stand. Seine Mitarbeiter wollte er dieser Gefahr nicht aussetzen, also setzte er sich selbst in seinen Bagger. Nach sechs Stunden Arbeit war der Ablauf der Talsperre endlich frei und Hubert Schilles ein Held, der Interviews geben musste. Dabei betonte er immer wieder: „Ich bin ein gläubiger Mensch. Ich habe mich zwei Mal gesegnet, als ich runtergefahren bin. ‚Du, Herr, musst wissen, was passiert‘, habe ich gesagt. Und ich hatte keine Sekunde Angst."

Stark. Sein Leben war in Gefahr und er hatte keine Angst, weil er sich Gott anvertraut hatte.

Eine Bekannte aus Rheinbach, wo ebenfalls das Hochwasser wütete, erzählte mir, dass sie an dem Tag der Flutkatastrophe mit dem Auto unterwegs war. Auf der Straße stieg das Wasser immer höher. Der Wagen ließ sich kaum noch lenken. Voller Angst betete sie: „Herr, bewahre uns!" Ihre Panik ließ nach. Sie konzentrierte sich und fuhr unbeschadet weiter bis zu ihrem Ziel.

Corrie ten Boom, die niederländische Widerstandskämpferin, die in der Zeit des Nationalsozialismus viele Juden vor der Deportation gerettet hatte, prägte den Satz: „Mut ist Angst, die gebetet hat!"

Hubert Schilles an der Steinbachtalsperre und meine Bekannte aus Rheinbach haben erlebt, wie sich Angst durch ein Gebet in Mut verwandelt hat. Gott sei Dank dafür!

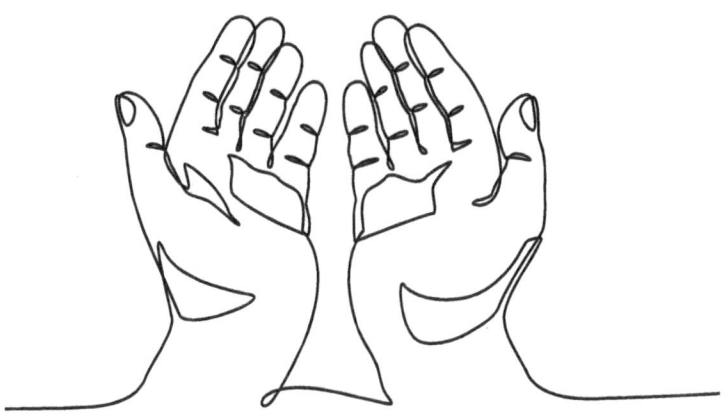

Warum, Gott?

E in kleines italienisches Restaurant in Berlin-Charlotten-
burg. Hier wollte ich einen Tag voller Erinnerungen bei
einem leckeren Abendessen ausklingen lassen. Ich bekam den
letzten freien Tisch. Links neben mir saß ein Paar, rechts ein
junger Mann und eine ältere Dame. Ich grüßte freundlich zu
beiden Seiten. Keine Reaktion. Wenn ich alleine essen gehe,
komme ich gern mit fremden Menschen ins Gespräch. Na
gut – diesmal nicht.

Als ich beim Ober meine Pasta bestellt hatte, sah ich im
Augenwinkel, dass die Gäste am Nachbartisch rechts von mir
gingen und eine junge Frau sich setzte. Sie schaute erst in die
Karte, dann durch die Gegend und schließlich sprach sie mich
von der Seite an. Sie duzte mich, fragte, ob ich hier wohnen
würde. Ich erzählte, dass ich am nächsten Tag eine Buchlesung
hätte. Sie fragte, um was es da gehen würde, und schon führten
wir ein Gespräch über meinen christlichen Glauben.

Das war für sie eine Steilvorlage. Sie fragte mich: „Warum?
Warum lässt Gott das alles zu?"

Die alte Frage angesichts von Krieg, Elend, Missbrauch und
Ungerechtigkeit in der Welt und im ganz persönlichen Bereich.
„Warum, Gott?", fragte auch ich, als Birte behindert auf die
Welt kam. Heute stelle ich die Frage nach dem Warum nicht
mehr.

Ich bin dankbar, dass ich diese belastende Warum-Frage
ablegen konnte. Dabei half mir mein Mann Frank. Er, der

bodenständige Sauerländer, hat mir klargemacht, dass uns diese Frage nicht weiterbringt, sondern herunterzieht. Wir trafen bewusst die Entscheidung, dass wir ab sofort unsere neue Lebenssituation mit unserer behinderten Tochter annehmen. Statt unsere Kraft mit dem Warum zu verschwenden, konzentrierten wir uns auf die Frage: Wie kann Birte die beste Förderung bekommen, damit sie gut mit ihrem Handicap leben kann? Jetzt konnten wir nach vorne schauen und unser Familienleben aktiv gestalten. Das war das Beste, was wir tun konnten.

Viele Jahre später bekam ich die Bestätigung dafür, dass wir richtig gehandelt haben. Während meiner Ausbildung zur Resilienztrainerin wurde das Thema *„Annehmen statt nach dem Warum fragen"* als wichtiger Baustein präsentiert, um schwere Lebensumstände überstehen zu können. Ein weiterer vertrauter Aspekt wurde ebenfalls angesprochen: Spiritualität. Sie stärkt den Menschen, um nicht an Schwierigkeiten zu zerbrechen.

Mein Vertrauen auf Gott war und ist in schweren Zeiten mein Halt, meine Kraft, mein Trost und meine Hoffnung.

„Warum lässt Gott das alles zu?" Die Frage der Frau im Restaurant konnte ich nicht beantworten. Wie auch? Das Leid in der Welt hat viele Gründe und ich sehe immer nur einen Teil des Ganzen. Gott hat den Überblick. Gott sagt: „Meine Gedanken sind nicht zu messen an euren Gedanken und meine Möglichkeiten nicht an euren Möglichkeiten" (Jesaja 55, 8). Darauf vertraue ich.

DER PERFEKTE MOMENT

Nachtblauer Himmel. Der kugelrunde Mond wurde von Kastanienzweigen verdeckt. Es war ein grandioser Blick aus dem Dachfenster. Diesen Moment musste ich festhalten, griff nach meinem Handy und fotografierte.

Ich drehte mich vom Fenster weg, schaute auf mein Handy und kontrollierte die Fotos. Waren sie gelungen oder musste ich neue machen? Alles gut. Ich war zufrieden und wollte das Naturschauspiel noch mal ohne den Blick durch die Linse sehen. Zu spät. Dicke Wolken verhängten den Mond und Nebelschwaden verschleierten die Aussicht. Innerhalb von einer Minute war die Vollmondpracht verschwunden. Ich hatte zum richtigen Zeitpunkt aus dem Fenster geschaut und den perfekten Moment fotografiert.

Perfekte Momente tauchen auch in meinem Alltag auf, wenn ich etwas Schönes erlebe, glücklich und zufrieden bin; feststelle, dass ich zur richtigen Zeit am richtigen Ort bin; wenn ich spüre: Hier darf ich ich sein!

Das kleine Erlebnis mit dem Mond zeigt mir, dass es sich lohnt, solche Momente auszukosten und zu genießen. Wolken und Nebel ziehen schneller auf, als man denkt.

„Savoring" nennen Psychologen dieses Auskosten des Moments. Es bedeutet, bewusst das Schöne zu genießen und nicht gedanklich schon irgendwo anders zu sein. Es ist wissenschaftlich erwiesen: Wenn ich mir Zeit nehme, über solche Momente zu staunen und dankbar dafür zu sein, habe ich länger

etwas davon! Wenn ich anderen davon berichte, verstärkt sich in mir das Gefühl der Dankbarkeit. So erlebe ich es mit meiner Vollmond-Geschichte. Wenn ich davon erzähle, staune ich erneut und spüre den Zauber des Momentes. Es war, als wollte Gott mir sagen: „Hey, Sabine, den dicken Mond, den habe ich extra für dich hier platziert! Freu dich über meine Schöpfung!"

EINE UNGEWÖHNLICHE
BEDINGUNG

*D*as Leben ist nicht mehr planbar! Diesen Stoßseufzer habe ich seit Beginn der Corona-Pandemie oft gehört. Familienfeiern, Urlaube, Prüfungen und Freizeitaktivitäten mussten kurzfristig verschoben werden oder ausfallen, weil sich die gesetzlichen Bestimmungen geändert hatten. Das hat manchen Zeitgenossen genervt, geärgert oder wütend gemacht.

Hat denn früher, vor Corona, immer alles geklappt? Sicher nicht! Krankheiten, Unfälle und politische Entwicklungen kommen meist ohne Ankündigung.

Vor einiger Zeit las ich eine Einladung zu einer Trauung. Braut und Bräutigam waren weit über sechzig Jahre alt. Den Abschluss bildeten drei lateinische Worte: „Sub conditione jakobaea". Damit konnte ich nichts anfangen. Weil ich neugierig bin, fragte ich jemanden, der sich mit alten Sprachen auskennt. Mein Pastor Holger konnte helfen. „Sub conditione jakobaea". Unter der Bedingung des Jakobus. Ratlos schaute ich ihn an und er erklärte, dass sich dieser Ausspruch auf einen Bibelvers im Jakobusbrief bezieht (Jakobus 4, 15). Der Mensch könne zwar sein Leben planen, dennoch weiß er nicht einmal, was der nächste Tag bringt. Es sollte uns bewusst sein, dass allein Gott die Zukunft kennt. In der Bibel steht der Rat, dass man seinen eigenen Plänen den Gedanken beifügt: „So Gott will und wir leben" – so wie Jakobus es tat. Wieder was gelernt!

„So Gott will und wir leben!" Irgendwie ging mir dieser Satz quer runter. Er wirkte auf mich bedrohlich. Warum schrieb ein Brautpaar im fortgeschrittenen Alter so etwas unter ihre Hochzeitsankündigung? Sorgten sie sich, dass einer vor dem Ja-Wort sterben oder sonst etwas passieren könnte?

Dann verstand ich, dass sie mit dem kleinen Satz ihr Vertrauen auf Gott ausdrückten. Was auch immer kommen mag, Gott hält die Fäden in der Hand. „So Gott will und wir leben" – wurde für mich so zu einer tröstlichen und hoffnungsvollen Aussage.

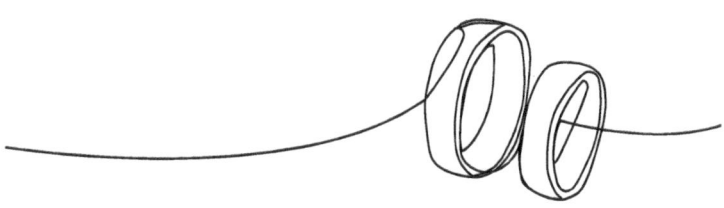

FLUCHTGEDANKEN AM
KÜCHENTISCH

Mein Tag beginnt am Küchentisch mit einer Tasse Kaffee, der Bibel, Tageszeitung und Radio. Normalerweise sind das gute Startbedingungen. Doch diesmal nicht! In den Nachrichten gab es nur Negatives auf die Ohren und auf der Titelseite der Zeitung prangten Schreckensmeldungen! Am liebsten wäre ich zurück in mein Bett gegangen und hätte mir die Decke über den Kopf gezogen. Nichts hören und sehen? Zwecklos. Das Weltgeschehen geht voran, egal, was ich tue.

Krisen, schwere Zeiten, Kriege – Menschen mussten schon immer damit leben. Der Theologe Karl Barth schrieb 1968 zur Zeit des Kalten Krieges diese Worte: „Ja, die Welt ist dunkel. [...] Nur ja die Ohren nicht hängen lassen! Nie! Denn es wird regiert, nicht nur in Moskau oder in Washington oder in Peking, aber von ganz oben. Vom Himmel her. Gott sitzt im Regimente. Darum fürchte ich mich nicht. Bleiben wir doch zuversichtlich, auch in den dunkelsten Augenblicken. Lassen wir die Hoffnung nicht sinken, die Hoffnung für alle Menschen, für die ganze Völkerwelt. Gott lässt uns nicht fallen. Keinen einzigen von uns und uns alle miteinander nicht. Es wird regiert!"

Karl Barth verfasste den Text am Abend vor seinem Tod. Dadurch wirken die Worte noch eindrücklicher auf mich. Was auch passieren mag, wir sind und bleiben in Gottes Hand.

Manchmal muss ich im Alltag daran erinnert werden. Unserer Tochter Birte gelingt das immer wieder auf besondere Weise. Als mich mal wieder die schlechten und bedrohlichen Nachrichten wie eine Welle überspülen wollten, spürte Birte meine Stimmung und begann ein Lied zu summen. Ich hielt inne und erkannte die Melodie. Es war ein Lied von der ökumenischen Glaubensgemeinschaft Taizé. Sofort wurde der Text in mir lebendig und wir sangen gemeinsam: „Meine Hoffnung und meine Freude, meine Stärke, mein Licht. Christus meine Zuversicht. Auf dich vertrau ich und fürcht' mich nicht."

Ich bin dankbar, dass Birte meine Gott-ist-da-Erinnerin ist. Dafür braucht sie keine großen Worte. Es reicht eine Melodie und mein Herz wird ruhig, die Angst weicht und Zuversicht erfüllt mich.

Beim nächsten morgendlichen Angriff auf meine Seelenruhe werde ich mich an dieses Lied erinnern.

WELTTAG DER DANKBARKEIT

*A*m Wochenende schnappe ich mir immer das Anzeigenblättchen und stöbere in den beigelegten Prospekten nach Angeboten. Schon oft habe ich Überraschendes entdeckt. Dieses Mal war es die Anzeige eines Schokoladenherstellers, der auf den Welttag der Dankbarkeit am 21. September hinwies. Man könnte denken, der Tag sei eine Idee der Süßwarenindustrie, doch tatsächlich rief 1977 eine Meditationsgruppe der Vereinten Nationen zur Dankbarkeit auf. Weltweit sollte den Menschen gedankt werden, die sich im Sinne der UN für die Gemeinschaft einsetzen. Heute wird der Tag rund um den Globus als Anlass genommen, Danke zu sagen.

Das begeistert mich als *Die Dankbarkeitsbotschafterin*. Danke zu sagen ist wichtig, denn es ist eine Form der Wertschätzung. Wenn mir jemand die Tür aufhält, nehme ich das nicht für selbstverständlich. Mit meinem „Danke" mache ich das deutlich.

Unserem Briefträger schenkte ich an einem heißen Sommertag ein Eis und bedankte mich, dass er mir trotz der Hitze meine Post brachte.

„Danke für Ihre Arbeit!", sagte ich der Dame vom Reinigungsdienst im Einkaufszentrum und sie wirkte überrascht. Freudig überrascht.

Als Anfang Dezember 2021 plötzlich die Autobahn 45 in Lüdenscheid wegen erheblicher Brückenschäden gesperrt wurde, stand ich im Stau an der Abfahrt. Da sah ich, wie im dichten Schneetreiben der Mitarbeiter einer Baufirma dafür sorgte, dass die Absperrungen platziert wurden. Er kam nah an mein Auto heran und kurz entschlossen ließ ich mein Autofenster herunter und rief: „Danke, dass Sie hier mitten im Schnee für Sicherheit sorgen!" Damit hatte er nicht gerechnet. Weil ich im Stau stand, konnten wir miteinander reden und mein Dank hat ihn gefreut.

Im Sommer war ich in Berlin unterwegs. An der Straße Unter den Linden standen mehrere Streifenwagen. Als ich an einem vorbeiging, sagte ich durch das geöffnete Fenster des Wagens: „Danke für Ihren Dienst!"

Danke ist ein kleines Wort. Zwei Silben. Sie kosten nichts und sind wohltuend ... und um mein „Danke" zu unterstreichen, sage ich auch manchmal „Merci" mit einem Stück Schokolade.

Vom Ende her gedacht

*V*ergiss nicht, du wirst sterben!" Fünf Mal am Tag erinnert eine amerikanische App ihre User daran, dass die Lebenszeit ständig weniger wird. „We croak" heißt das Angebot, das heißt: „Wir quaken". Das passt zum Frosch als App-Symbol. „We croak" meint aber auch: „Wir krepieren." Bei jedem Quaken erinnert er daran, dass das Leben irgendwann zu Ende ist.

Die Macher der App wollen nicht schockieren und deprimieren, im Gegenteil, sie wollen, dass ihre Abonnenten glücklicher werden. Kein Witz! Die Idee geht auf eine alte Bauernweisheit aus dem südostasiatischen Bhutan zurück. Menschen, die glücklich sein wollen, sollten fünfmal am Tag über den Tod nachdenken. Echt krass!

In unseren Breitengraden verdrängen wir Gedanken über Endlichkeit und unser Sterben. Dabei ist nichts so sicher im Leben wie der Tod.

„Lehre uns bedenken, dass wir sterben müssen, auf dass wir klug werden" (Psalm 90, 12). Dieser Satz stammt aus der Bibel und ist schon mehrere Tausend Jahre alt. Aus biblischer Sicht ist der Mensch klug, der sein Leben nach Gott, dem Schöpfer, ausrichtet. Wer das tut, der bekommt sogar das Leben 2.0 geschenkt – ewiges Leben an einem himmlischen Ort.

Wie es dort aussieht, deuten die biblischen Schriften nur an. Doch es klingt verheißungsvoll: Ich werde erwartet. Eine Wohnung steht für mich bereit. Es gibt dort weder Tränen noch Leid, dafür ist es ein Ort voller Frieden und Liebe.

„Lehre uns bedenken, dass wir sterben müssen, auf dass wir klug werden" – ist für mich eine Mahnung, weise mit meiner Lebenszeit umzugehen und mich zu fragen: Welche Spuren möchte ich hinterlassen?

Wenn ich mein Leben vom Ende her betrachte, dann hat das Konsequenzen für mein Handeln im Hier und Jetzt. Manche Dinge kann ich getrost lassen, andere muss ich unbedingt anpacken.

Eine We-croak-App brauche ich nicht. Ich weiß auch ohne Handy-Erinnerung, dass für mich irgendwann Schluss ist. Gerade deshalb nehme ich mein Leben als riesiges Geschenk von Gott an. Dafür bin ich ihm dankbar!

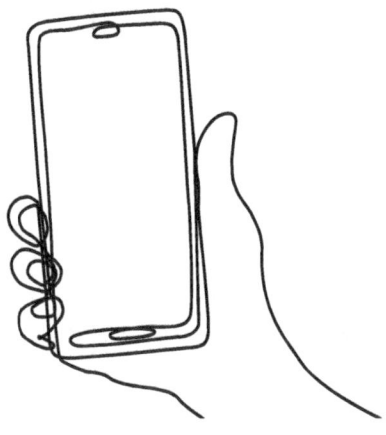

Das besondere Hand-Tattoo

Es ist echt blöd und manchmal auch peinlich, aber ich kann mir total schlecht Namen merken. Gesichter sind kein Problem, doch den passenden Namen dazu aus meinem Gehirnkasten zu kramen fällt mir oft schwer. Ich bewundere die Menschen, die damit kein Problem haben. Meinen größten Respekt haben die, die ständig Menschen begegnen und trotzdem genau wissen, wie ihr Gegenüber heißt.

Einer, der das wunderbar beherrschte, war der ehemalige Ministerpräsident von NRW und spätere Bundespräsident Johannes Rau. Ich habe ihn in den 1990er-Jahren kennengelernt. Er war Gast in einer Talkrunde, die ich moderierte. Während des Talks sprach er mich immer mit meinem Namen an. Das hat mich fasziniert, obwohl er das nicht tun musste, schließlich ging es nicht um mich, sondern um ihn. Johannes Rau hat mir damit gezeigt: Ich höre Ihnen zu. Ich nehme Sie ernst. Es war wertschätzend. Dass ich mich daran noch nach dreißig Jahren erinnere, zeigt, wie wichtig diese Erfahrung für mich war.

Deswegen ärgert es mich umso mehr, dass mir manchmal die Namen von Gesprächspartnerinnen und -partnern nicht sofort einfallen. Ich weiß doch selbst, wie wohltuend die persönliche Ansprache ist. Ich will dem anderen zeigen: Sie sind für mich kein Nobody. Ich höre Ihnen zu!

Dass Menschen mich wahrnehmen, mich sehen, wünsche ich mir im Alltag auch.

In der Bibel steht, dass mein Name in Gottes Hand gezeichnet ist. Nichts, gar nichts, könnte Gott dazu bringen, die Tätowierung mit meinem Namen entfernen zu lassen. Nichts, überhaupt nichts, kann ihn davon abhalten, mich zu lieben. Unabhängig davon, ob ich seine Liebe erwidere!

Mein Name ist unauslöschlich in Gottes Hand geschrieben. Er vergisst ihn nicht. Er nennt mich bei meinem Namen und nur das zählt.

Verwirrtheit geniessen

Herbst im Sauerland. Der Nebel waberte morgens durch unser Tal. Ich wäre lieber zu Hause geblieben, doch das ging nicht. Ich hatte einen Termin und musste los. Die Straße zur Autobahn führte bergauf. Je höher ich kam, umso heller wurde es. Der Nebel lichtete sich. Als ich oben auf dem Berg war, schien die Sonne und ich hatte einen wunderschönen Blick auf Berge und nebelgefüllte Täler. Für mich wurde diese morgendliche Fahrt zu einem Gleichnis für mein Leben. Es gibt Phasen, da weiß ich nicht, wie es beruflich oder privat weitergeht. Vorsichtig laufe ich los, suche Orientierung, erkenne Spuren eines Weges und folge ihnen. Je klarer die Sicht wird, umso fester werden meine Schritte. Irgendwann erreiche ich den Gipfel, gewinne Überblick und kann das genießen.

Wenn ich spüre, dass ein Nebel voller Veränderungen aufsteigt, suche ich Rat. Ich spreche mit Gott, frage meine Herzensmenschen, die mit beiden Beinen auf der Erde stehen und deren Herz im Himmel verankert ist. Stefan ist einer von ihnen. Wir kennen uns seit über 30 Jahren und mitten in meiner Nebelphase sagte er: „Genieße deine Verwirrtheit." Es war ein widersprüchlicher Rat und trotzdem klang er für mich positiv, denn der Nebel verlor seine Bedrohung. Verwirrtheit wurde zur Chance. Obwohl sich meine Situation nicht veränderte, konnte ich die Perspektive wechseln. Aus Verwirrung entstand Vertrauen, dass Gott mich durch meine nebligen Zeiten trägt. In mir stieg Neugier und Vorfreude auf. Welche sonnigen Aussichten werden sich mir oben auf dem Berg bieten?

Gott sei Dank, dass ich Freunde habe, die mir zuhören und im richtigen Moment das sagen, was mich aufbaut!

Knoten im Taschentuch

„Mach dir einen Knoten ins Taschentuch!", sagte mein Vater, als ich klein war. Das war sein Rat, wenn ich mir etwas Wichtiges merken sollte.

Heute nehme ich mein Handy mit Kalenderfunktion oder schreibe auf, was ich nicht vergessen darf. Trotzdem, der Knoten im Taschentuch bleibt für mich ein wichtiges Symbol!

Im Kirchenjahr gibt es Feste, die haben für mich eine Knotenfunktion. Ein Knoten ist der Erntedanksonntag Anfang Oktober und das Lied „Wir pflügen und wir streuen" ist für mich an diesem Feiertag ein Muss.

„Alle gute Gabe kommt her von Gott dem Herrn. Drum dankt ihm, dankt und hofft auf ihn!" Dieses Lied textete Matthias Claudius vor mehr als 230 Jahren. Damals war den Menschen bewusst, dass „Alle gute Gaben" der Ertrag war, den die Bauern von den Feldern holten oder von Bäumen ernteten.

Wenn ich mich umschaue, entdecke ich viele gute Gaben, für die ich dankbar sein kann: die Menschen, die mein Leben bereichern; das Dach über meinem Kopf; die Natur, die sich immer anders präsentiert, oder die kleinen Auszeiten im Alltag.

Für mich ist das alles nicht zufällig da oder nettes Beiwerk, sondern es ist ein Geschenk von Gott. Natürlich kenne ich Phasen, wo ich mehr motze als danke. Ich mühe mich, meine Dankbarkeit nicht zu verlieren. Offenbar bin ich in bester Gesellschaft mit dem Psalmisten, der sang: „Lobe den Herrn, meine Seele, und vergiss nicht, was er dir Gutes getan hat." (Psalm 103)

Ich will nicht vergessen, was Gott mir Gutes getan hat ... und deshalb mache ich mir einen dicken Knoten ins Taschentuch.

IMBISS-WERBUNG

Wenn ich an einer roten Ampel stehe, schaue ich meistens durch die Gegend! So auch dieses Mal. Mein Blick blieb an einem Mann in einer roten Jacke hängen. Er stand vor einem Imbiss.

Neugierig schaute ich, welche kulinarischen Köstlichkeiten aktuell angeboten wurden, denn hier hatte der Betreiber schon häufig gewechselt.

Ich suchte nach einem Schriftzug auf dem Schaufenster und entdeckte einen Satz, der mir sehr vertraut vorkam. An einem Imbissfenster hatte ich ihn aber noch nie gelesen: „Mir wird nichts mangeln." Es ist ein Vers aus Psalm 23, einer der bekanntesten Sätze aus der Bibel.

Warum klebte der neue Besitzer diese Worte an sein Schaufenster? Die Ampel schaltete auf Grün und ich musste weiterfahren. Der Bibelspruch begleitet mich auf meiner Fahrt.

„Mir wird nichts mangeln" – das war so tröstlich und Balsam für meine Seele. Mitten in den verwirrenden Zeiten mit Corona wurde ich unerwartet daran erinnert, dass Gott mein Hirte ist. Er kümmert sich um mich. Mir wird es an nichts fehlen. Das war mein Gott-sei-Dank-Moment an diesem Tag!

Diese Begebenheit tat mir gut und inspirierte mich, in der Lokalzeitung davon zu berichten in der Kolumne „Gedanken zum Sonntag". Ich fand es wirklich kurios, dass mir an einer Imbissbude zuerst ein Bibelvers ins Auge fiel. Mittlerweile hatte ich gesehen, dass es indische Spezialitäten waren, die dort angeboten wurden.

Am Erscheinungstag der Kolumne bekam ich am Nachmittag via Facebook eine Nachricht vom Imbissbudenbesitzer Benjamin. Ein Pfarrer hatte ihn auf meinen Text in der Zeitung aufmerksam gemacht. Als Erstes fragte ich ihn, warum er diesen Bibelvers auf sein Schaufenster geschrieben hat. Benjamin erzählte, dass er Christ ist und andere ermutigen möchte. Das war ihm bei mir gelungen! Für meine Seele gab es die guten Worte und mein Leib freute sich ein paar Tage später über seine leckeren indischen Spezialitäten.

Happy End ohne Max

*E*in Konzert mit Max Raabe und seinem Palastorchester plus eine Übernachtung im Hotel in Wetzlar. Damit wollte ich meine Tochter Birte überraschen, denn sie liebt Konzerte. Ich hatte schon Monate im Voraus alles gebucht. Die Vorfreude stieg und es fiel mir schwer, meine Pläne zu verheimlichen. Ich hatte Birte nur gesagt, dass wir an diesem Wochenende etwas Besonderes unternehmen. Beim Samstagsfrühstück wollte ich ihr alles erzählen.

Ich wurde viel zu zeitig wach und fand keinen Schlaf mehr. Um fünf Uhr morgens wälzte ich mich von einer Seite auf die andere. Mir ging viel zu viel durch den Kopf und plötzlich tauchte ein Gedanke auf wie ein Warnschild: Guck nach, ob das Konzert überhaupt stattfindet!

Jetzt hielt mich nichts mehr im Bett. Ich stand auf, ging in die Küche, schnappte mir mein Handy und googelte nach den Informationen über das Konzert. Es gab keinen Eintrag für Samstag in Wetzlar, allerdings für das nächste Jahr. Dahinter stand der Hinweis, dass unser Konzert verlegt wurde. Ich musste schlucken, aber dann dachte ich: Gott sei Dank, dass ich diesen Gedanken im Halbschlaf hatte und nachschauen konnte.

Für mich war das wie ein Anstupser von Gott. Es hätte zwar nicht so früh am Morgen sein müssen, morgens um fünf hatte er meine volle Aufmerksamkeit.

Am Frühstückstisch habe ich Birte erzählt, was eigentlich für den Tag geplant war. Sie war kein bisschen enttäuscht. Beim Zeitunglesen entdeckte ich einen Hinweis auf ein Konzert am Abend in unserer Nachbarstadt. Ich konnte tatsächlich den letzten Rolli-Platz mit Begleitung ergattern und wir kamen doch noch zu einem Konzert. Happy End – auch ohne Max Raabe und sein Palastorchester!

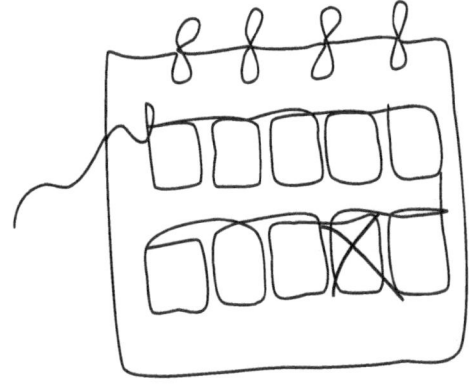

Nicht nach Plan

A uf dem Weg zu einem Interview in der Nähe von Mainz machte ich einen Zwischenstopp bei Freunden. Kaffee trinken, kleiner Plausch und dann nichts wie weiter.

Es kam, wie es kommen musste: Vor lauter Reden brach ich viel später auf als geplant. Das Navi stimmte mich zuversichtlich, dass sich meine Fahrt nur um fünf Minuten verspäten würde. Also rauf auf die Autobahn.

Nach ein paar Kilometern leuchteten viele Bremslichter auf. Stau vor einer Baustelle. Zwei Spuren verengten sich auf eine und der Verkehr kroch dahin. Endlich sah ich, warum alles so langsam vorwärtsging. Ein Auto hatte sich im Baustellenbereich überschlagen. Von Feuerwehr, Rettungswagen und Polizei war noch nichts zu sehen. Der Unfall musste kurz zuvor passiert sein, denn weder Navi noch Verkehrsfunk meldeten eine Störung. Ich fuhr am verunglückten Fahrzeug vorbei und sah, dass es leer war. Mehrere Personen standen daneben. Offensichtlich gab es keine Schwerverletzten. Ich schickte ein Gott-sei-Dank in den Himmel, dass hier nichts Schlimmeres passiert war. Der Stau löste sich auf und mit einer Viertelstunde Verspätung kam ich bei meinen Gesprächspartnern an.

Erst auf dem Rückweg ließ ich das Erlebnis auf der Autobahn noch mal Revue passieren. Wenn alles nach meinem Zeitplan gelaufen wäre, hätte ich mitten im Unfallgeschehen gesteckt. Meine Erkenntnis am Ende des Tages lautete: Ich will nicht gleich sauer werden, wenn es nicht wie geplant läuft. Die

Zeitverzögerung war für mich kein Zufall, und wenn, dann ist sie mir von Gott zugefallen. Und wieder offenbarte sich ein Grund, um Gott sei Dank zu sagen!

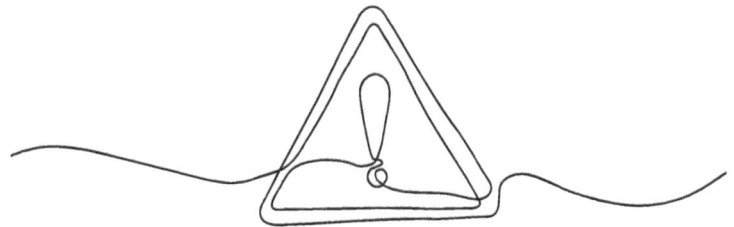

Meine Todesanzeige

Eine Todesanzeige mit meinem Namen! Ich musste schlucken. Eine Kollegin hatte sie in der Zeitung entdeckt und mir ein Foto per WhatsApp geschickt. Sie schrieb: „Hab mich heute Morgen kurz erschrocken."

Mehrmals habe ich die Anzeige an diesem Tag angeschaut. Das musste ich erst mal verdauen. Da stand tatsächlich mein Name mit Trauerflor. Deutlicher könnte es nicht sein, irgendwann wird es passieren – ich werde sterben. Dann werden mein Geburts- und Sterbedatum in einer Anzeige stehen. Ein mieser Gedanke. Ich liebe doch das Leben und genau deshalb stehe ich in der Gefahr, die Endlichkeit zu verdrängen.

Im Jahreskreis symbolisiert der November die Zeit für Abschied, Tod und Trauer. Im trüben Herbstmonat begehen wir Feiertage wie Allerheiligen, Allerseelen, Buß- und Bettag, Volkstrauertag und Totensonntag. Die evangelischen Christen nennen den letzten Sonntag im Kirchenjahr Ewigkeitssonntag statt Totensonntag. Das gefällt mir viel besser. Tod klingt nach einem endgültigen Ende, doch Ewigkeit trägt die Hoffnung in sich, dass es weitergeht. Christen glauben an das ewige Leben bei Gott. Ich auch.

Ich werde sterben und deshalb habe ich mit meinem Mann über Patientenverfügung und Testament gesprochen und alles Nötige ausgefüllt. Zusätzlich schrieb ich auf, wie ich mir meine Beerdigung vorstelle. Es war mir wichtig, damit sich meine Familie im Falle meines Todes nicht darum kümmern muss.

Keiner lebt ewig hier auf der Erde, doch meine Lebensfreude soll das nicht trüben. Ganz im Gegenteil – ich werde noch dankbarer für jeden Tag sein, den Gott mir schenkt.

Bye, bye, Everybody's Darling

Maskenpflicht! Was früher nur an bestimmten Orten wie in Operationssälen Pflicht war, ist seit der Corona-Pandemie Normalität. Doch eins nervt mich noch immer an der Maske: Ich sehe nicht, ob mein Gegenüber lächelt oder grimmig guckt. Allerdings ist ein offensichtlich freundliches Gesicht auch kein sicheres Zeichen, dass mir jemand zugewandt ist. Es könnte auch eine Maske sein.

Ich habe mich selbst schon dabei erwischt, dass mein Gesichtsausdruck nicht mit meiner Gefühlslage oder meinen Gedanken übereinstimmte. Um des lieben Friedens willen, weil ich mir keine Blöße geben wollte oder weil ich die Erwartungen anderer erfüllen wollte.

Mit Anfang zwanzig arbeitete ich in einem Radiosender und ich war als die fröhliche Sabine bekannt. Immer hatte ich einen flotten Spruch auf den Lippen, doch eines Tages war ich still und nachdenklich, ohne dass ich den Grund dafür nennen konnte. Meine Kollegen bemerkten meine Stimmung und einer fragte: „Hey, was ist los? Wir wollen unsere alte Sabine wiederhaben."

Das nagte an mir, denn ich war gerne Everybody's Darling. Ich entdeckte, dass sowohl das Fröhliche als auch das Nachdenkliche Teil meiner Persönlichkeit sind und dass ich lernen musste, zu mir zu stehen. Dabei werde ich es nie allen recht machen. Noch immer übe ich, mehr ich selbst zu sein. Nur um meinem Gegenüber zu gefallen, will ich keine Maske aufsetzen. Manchmal ist es die Angst, schief angesehen zu werden, und manchmal ist es Bequemlichkeit oder Gewohnheit, die mich verleiten, mich zu verstellen.

Dabei wurde ich mit Ansehen beschenkt, noch bevor ich meinen ersten Schrei tat, noch bevor ich geboren wurde. Gott schenkte mir Würde und seine Liebe, als er mich im Mutterleib schuf. Ich bin ein Gedanke Gottes und deshalb bin ich wertvoll.

Ich will meine Gedanken und Gefühle nicht verstecken oder so tun als ob. Ich will diese Art von Maske ein für alle Mal loswerden.

GENIESSE DEN AUGENBLICK

Eine Tasse Tee steht meistens neben mir, wenn ich am Schreibtisch sitze und Texte schreibe. Die Teesorte variiert. Im Moment trinke ich gerade „Innere Ruhe". Zum guten Geschmack bekommt man auch einen schlauen Spruch. Auf dem kleinen Etikett am Teebeutel steht: „Genieße den Augenblick, denn der Augenblick ist dein Leben!"

Der Spruch hat es mir angetan. Ich fühlte mich ertappt, denn ich vergesse oft, den Augenblick zu genießen, weil ich gedanklich schon beim nächsten bin.

Psychologen bestätigen, dass es wichtig und gesundheitsfördernd ist, genießen zu können. Die Genussfähigkeit reduziert Stress und stabilisiert unser inneres Gleichgewicht.

„Ich bin zu der Erkenntnis gekommen, dass das Beste, was der Mensch tun kann, ist, sich zu freuen und sein Leben zu genießen, solange er es hat." (Prediger 3, 12)

Dieses Zitat stammt aus der Bibel und ruft dazu auf, das Leben zu genießen und sich daran zu freuen! Das steht ganz im Gegensatz zum Image, das Christen manchmal haben: Sie gehen zum Lachen in den Keller oder laufen sauertöpfisch durchs Leben.

Der Vers verdeutlicht: Gott wünscht sich, dass wir uns an den schönen Dingen freuen und sie genießen. Er kennt jeden Menschen und weiß, wie sehr das Leben uns begrenzen oder belasten kann. Der Schreiber im Buch Prediger weiß um das Spannungsfeld, in dem wir leben. Im Text heißt es:

„Alles hat seine Zeit: geboren werden und sterben, einpflanzen und ausreißen, töten und Leben retten, niederreißen und aufbauen, weinen und lachen, wehklagen und tanzen, Steine werfen und Steine aufsammeln, sich umarmen und sich aus der Umarmung lösen, finden und verlieren, aufbewahren und wegwerfen, zerreißen und zusammennähen, schweigen und reden. Das Lieben hat seine Zeit und auch das Hassen, der Krieg und der Frieden." (Prediger 3)

Alles hat seine Zeit. Mit der Perspektive lässt sich das Schwere leichter ertragen. Denn es werden wieder andere, bessere Zeiten kommen. Umso mehr nehme ich die Guten als Geschenk an und sage: Gott sei Dank!

Verrückt vor Liebe

Es klingelte. Vor der Tür stand der Postbote und drückte mir einen gelben Karton in die Hand. Ich schaute auf den Adressaufkleber. Das Päckchen kam von einer Bekannten und war nicht für mich, sondern für meine Tochter Birte. Neugierig packten wir es zusammen aus: Gummibärchen, die guten aus der Apotheke, eine Karte mit lieben Worten und Geld. Nicht nur fünf oder zehn Euro. Es war viel mehr und dazu der Hinweis, dass wir Birte dafür etwas Schönes kaufen sollten.

Ich musste schlucken! So viel? Konnte ich das überhaupt annehmen? Eine Stimme flüsterte in mir, dass wir Almosen nicht nötig hätten. Dann kam sofort ein anderer Gedanke. Kann ich ein Geschenk, das als Zeichen der Liebe gedacht war, einfach zurückgeben? Nein, natürlich nicht.

Birte freute sich über das unerwartete Geschenk und mit Verzögerung freute ich mich auch. Wir riefen bei der Schenkerin an und bedankten uns herzlich.

Ein paar Tage später erzählte ich einer Freundin von dem Päckchen. Ihr Kommentar: „Man muss sich auch mal was schenken lassen!"

Kurz danach stolperte ich über dieses Zitat des Theologen Dietrich Bonhoeffer: „Dankbarkeit ist demütig genug, sich etwas schenken zu lassen. Der Stolze nimmt nur, was ihm zukommt. Er weigert sich, ein Geschenk zu empfangen!"

Nicht alles Gute, das ich erlebe, habe ich verdient oder selbst erarbeitet. Vieles ist ein Geschenk – wie die Liebe eines Menschen.

Wie oft ertappe ich mich bei dem Gedanken, dass ich mir Wertschätzung, Anerkennung und Liebe erarbeiten muss?

Dabei ist wahre Liebe bedingungslos. Ihr Ursprung liegt bei Gott, dem Schöpfer der Welt. Er liebt jeden Menschen ohne Gegenleistung. Gott ist der größte Liebe-Verschenker, den es gibt! Warum? Weil er verrückt ist! Verrückt vor Liebe zu seinen Menschen.

Man muss sich auch mal was schenken lassen! Gottes Liebe nehme ich gerne an.

Zahnprobleme

Zwei Tage vor Heiligabend passierte es. Beim herzhaften Biss ins Brötchen brach mir ein Zahn ab. Das auch noch, dachte ich, als hätte ich nicht schon genug zu tun vor Weihnachten! Ich stöhnte auf, doch nicht vor Schmerz, sondern vor Frust.

Mir blieb nichts anderes übrig, als bei meiner Zahnärztin anzurufen. Und, oh Wunder, ich konnte gleich nach der Mittagspause kommen. Normalerweise hätte ich mich in mein Auto geschwungen und wäre losgefahren, aber heute hatte es sich unser Sohn ausgeliehen. Ich musste mit dem Bus fahren. Ja, das tun Millionen Menschen ständig. Ich bin verwöhnt. Alles Muffeln und Motzen half nicht. Der Zahn musste in Ordnung gebracht werden. Also ab zur Bushaltestelle.

Bei der Zahnärztin ging alles schnell. Auf dem Weg nach Hause klingelte mein Handy. Mein Vater erkundigte sich, ob der Zahn wieder in Ordnung sei. Ich bejahte. Darauf sagte er: „Da kannst du dankbar sein, dass die Zahnarztpraxis noch nicht in Weihnachtsurlaub war!"

So hatte ich das noch nicht gesehen. Kurz darauf schickte mir meine Freundin eine WhatsApp mit den Worten: „Sei dankbar, dass der Zahn nicht während der Weihnachtsfeiertage abgebrochen ist und du Schmerzen bekommen hättest!"

Ja, klar. Das stimmte auch.

Auf einmal hatte ich verstanden. *Die Dankbarkeitsbotschafterin* musste mit der Nase darauf gestoßen werden: Es gibt immer

Gründe zum Gott-sei-Dank-Sagen. Danke, lieber Papa und liebe Tina, dass ihr mich daran erinnert habt.

JEDER IST WILLKOMMEN

Unsere Krippenfiguren hatten einen Ausflug gemacht. Mit mir zusammen sind sie ins Seniorenzentrum zum Gottesdienst gefahren. Maria, Josef, das Jesuskind in der Krippe, die drei Könige, zwei Hirten und ein paar Schafe standen schön gruppiert auf einem kleinen Tisch und wurden von den Bewohnern bestaunt. In meiner Kurzpredigt ging es um die Heiligen Drei Könige. Ich machte meine Zuhörerinnen und Zuhörer darauf aufmerksam, dass in der bekannten Weihnachtsgeschichte im Lukas-Evangelium weder etwas von drei noch von Königen steht, sondern von den Weisen aus dem Morgenland. Bibelausleger würden davon ausgehen, dass es Magier gewesen sein könnten, also Männer, die sich mit der Macht der Sterne auskannten und über übernatürliches Geheimwissen verfügten.

Die Namen Kaspar, Melchior und Balthasar sind ebenfalls nicht in der Bibel zu finden. Sie wurden 600 Jahre nach Jesu Geburt als Legende zur biblischen Weihnachtsgeschichte aufgenommen.

Ich nahm die drei Holzkönige in die Hand und fragte in die Runde, ob wir sie nicht besser gleich im Karton lassen sollten.

Es gab erstaunte Blicke. Dann erklärte ich, dass die drei für einen wichtigen Gedanken stehen, auch wenn sie bei der eigentlichen Weihnachtsgeschichte gar nicht dabei waren. Diese Magier hatten den Stern als Zeichen gedeutet, dass ein wichtiger König geboren worden war. Ihm wollten sie ihre Aufwartung machen. Sie kamen aus einer anderen Kultur und glaubten nicht an den Gott der Juden. Trotzdem hielt niemand sie auf, Jesus, dem Sohn Gottes, die Ehre zu geben und ihn zu beschenken. Normalerweise vermied das jüdische Volk den Kontakt mit Andersgläubigen.

Die Sterndeuter und die Hirten, die damals ein schlechtes Image hatten, zeigen mir, dass jeder, wirklich jeder zur Krippe, zu Jesus, kommen darf.

Jesus grenzt niemanden aufgrund von Herkunft, sozialem Status oder irgendwelcher Auffassungen aus. Das zog sich durch sein ganzes Leben. Von ihm stammt auch der Satz: „Wer zu mir kommt, den werde ich nicht abweisen!" (Johannes 6, 37)

Die Gottesdienstbesucher im Seniorenzentrum stimmten mir am Ende zu: Auf die drei Weisen wollen wir nicht verzichten.

Feuerwerk der Dankbarkeit

Wofür seid ihr dankbar – trotz und mitten in Corona-Zeiten?" Diese Frage habe ich bei Facebook eingestellt, als die Angst vor der Pandemie und der erste Lockdown die Lebensfreude trübten.

Es dauerte nicht lange, da kamen die Kommentare im Minutentakt. Viele waren dankbar, dass sie die Pandemie bis dahin gut überstanden hatten. Ich las von Dankbarkeit für die Familie, den Zusammenhalt in der Nachbarschaft, die Natur, die freie Zeit und den Sonnenschein. Dankbar waren meine Freunde auch, dass sich das Leben durch den Lockdown verlangsamt hatte. Sie waren dankbar für ihren Glauben an Gott, der ihnen Hoffnung gab.

Walter schrieb: „Ich bin dankbar für ganz viele Dinge. Gerade in diesem Moment für deine Frage nach der Dankbarkeit. In meinem Gehirn startet gerade ein Feuerwerk."

Ein Feuerwerk der Dankbarkeit. Das Bild gefiel mir. Mit meiner Frage hatte ich meine Facebook-Freunde dazu gebracht, die negativen Auswirkungen des Lockdowns und der Pandemie mal zur Seite zu schieben. Jetzt war bei ihnen wieder das Gute im Blick – und bei mir auch. Manchmal fällt das auch der *Dankbarkeitsbotschafterin* schwer.

Wie gut, dass ich meinen Mann Frank an der Seite habe und Herzensfreunde, die mir in solchen Momenten liebevoll den

Kopf zurechtrücken. Am Telefon oder per Whatsapp-Nachricht erinnern sie mich an meine eigenen Worte, dass ich jede Menge Gründe habe zum Dankbarsein.

Der Blick in die Bibel ist ebenfalls ein gutes Rezept gegen die Undankbarkeit. Hier finde ich einen Grund zur Dankbarkeit, der ganz unabhängig von meiner Lebenslage ist: Gott liebt mich unendlich – so wie ich bin. Ohne Vorleistung. Einfach nur, weil ich ich bin! Das ist genial.

Jeder Mensch braucht Liebe. Am besten eine verlässliche Liebe. Das ist die Liebe, die Gott schenkt. Sie bleibt. Egal, ob ich erfolgreich bin, vor Freude jubele oder ob ich gescheitert bin und am Boden liege. Gott liebt jeden Menschen in jeder Lebenslage.

Das ist für mich der größte und wichtigste Grund zum Dankbarsein.

DAS AUCH NOCH

Nun wissen Sie, warum ich gerne und oft Gott sei Dank sage. Jetzt sind Sie dran!

Wofür sind Sie mitten im Alltag dankbar? Was war Ihr schönstes Gott-sei-Dank-Erlebnis? Schreiben Sie es mir.

Ich freue mich auf ein Feuerwerk der Dankbarkeit!

Mit herzlichen Grüßen
Sabine Langenbach
Die Dankbarkeitsbotschafterin
kontakt@sabine-langenbach.de

Danke

Das Buch ist ein Dankeschön an Gott, dessen Liebe in Jesus ein Gesicht bekommen hat.

Von Herzen DANKE an:
meine Familie, meine Herzensfreunde, alle Leserinnen und Leser, Zuschauerinnen und Zuschauer, Hörerinnen und Hörer – allen, die mich ermutigt haben.

QUELLENNACHWEISE

Die zitierten Bibelstellen sind folgenden Übersetzungen entnommen:

Luther 2017 – Lutherbibel, revidiert 2017,
  © 2016 Deutsche Bibelgesellschaft, Stuttgart
Volxbibel – © Volxbibel Verlag, Holzgerlingen
Gute Nachricht Bibel – durchgesehene Neuausgabe, © 2018
  Deutsche Bibelgesellschaft, Stuttgart

ANMERKUNGEN

1 Peter Kuzmič – in einer Twitter-Nachricht (3.6.2015)
2 Ich lobe meinen Gott von ganzem Herzen, Originaltitel: Je
   louerai l'Eternel, Text: Claude Fraysse (nach Ps 9, 2-3.8-10)
   Melodie: Claude Fraysse
   Dt. Text: unbekannt, Gitta Leuschner, Klaus Heizmann
   © 1982 Claude Fraysse, Frankreich
   Für D, A, CH: SCM Hänssler, D-71087 Holzgerlingen